Despierte
al gigante dormido

Cómo obtener mejor provecho
de su escuela dominical

Rob Burkhart

Gospel Publishing House
Springfield, Missouri
02-2011

Segunda impresión 2005

El Texto Bíblico ha sido tomado de la versión Reina-Valera © 1960 Sociedades Bíblicas en América Latina; © renovado 1988 Sociedades Bíblicas Unidas. Utilizado con permiso.

ISBN #0882437798

Contenido

Prefacio

Despierte al gigante dormido: Cómo obtener mejor provecho de su escuela dominical completa una serie de entrenamiento fundamental de la escuela dominical. Esta obra, junto con *Dadles lo que quieren: cómo convertir la Escuela Dominical donde la gente quiere estar* y *Deje una viva impresión . . . ¡sea maestro!* han sido preparados para revitalizar el ministerio de la escuela dominical y para que a través del esfuerzo del maestro, el Espíritu Santo y la palabra de Dios eficazmente transformen la vida de los alumnos.

La premisa de este libro es que la escuela dominical cumple una función importante en el buen éxito de la iglesia local y el desarrollo de la vida de los cristianos. El autor desea que maestros y líderes de la iglesia adopten una perspectiva holista de la educación cristiana y del discipulado. La premisa del autor es que cuando el esfuerzo de la iglesia se desarticula, no alcanzará a desarrollar todo su potencial. Los maestros y líderes que trabajan unidos con el objeto de levantar una infraestructura para el ministerio que tenga propósitos claros verán crecimiento espiritual y numérico.

Con el fin de mantener el formato de los libros anteriores, ofrecemos este material para el líder como parte de un juego de recursos. El juego contiene un libro para el alumno, una guía para el líder y un disco compacto. En éste encontrará versiones reproducibles de la guía del líder en inglés y español y presentaciones *PowerPoint* que tienen como fin facilitar la enseñanza de los conceptos que aparecen en el libro del alumno. Comuníquese con su distribuidor de Radiant Life y adquiera su juego de materiales para el líder.

Hemos realizado exitosamente este proyecto gracias al aporte de funcionarios de los diversos departamentos de Gospel Publishing House. Agradecemos a las personas que contribuyeron al desarrollo del texto en inglés y en español. El esfuerzo de cada uno ha enriquecido este útil recurso.

Oramos que Dios utilice esta herramienta de entrenamiento para multiplicar la efectividad de los maestros y líderes de la iglesia.

Introducción

El presidente Franklin Delano Roosevelt declaró que el 7 de diciembre de 1941 sería "el día que perviviría en la infamia"; ese día los Estados Unidos de América sufrió el más grande ataque de su historia militar.

Pero el 7 de diciembre de 1941 fue también el día en que la Marina Imperial Japonesa celebró su más grande victoria naval. Meticulosamente planeado, el ataque se llevó a cabo sin error alguno. Cuando los bombarderos japoneses y los torpederos volvieron a sus portaviones, gran parte de la flota norteamericana del pacífico sur yacía en el fondo de las aguas de Pearl Harbor o había sido reducida a un montón de hierros retorcidos y humeantes. El campo Hickman, el cuartel Scottfield, y otras instalaciones militares norteamericanos eran nada más que ruinas en llama.

Aquél fatídico día, el mundo parecía dividirse y ser dominado por dos grandes poderes. Los ejércitos Nazi arrasaba con Europa, y los ejércitos del imperio del Japonés dominaban Asia y el Océano Pacífico. Aparentemente, nada podía hacer frente a la fuerza demoledora de ambos polos del eje.

De esta sucesión de eventos emergen mitos y leyendas. Uno de ellos es que después del ataque a Pearl Harbor, el almirante Yamamoto, comandante supremo de la fuerza naval japonesa, envió un cablegrama en el que expresaba sus temores. La nota supuestamente leía: "Temo que simplemente despertamos un gigante que dormía y lo armamos de determinación." Aunque no podemos atribuir las palabras a Yamamoto, vívidamente reflejan la realidad de la guerra entre los Estados Unidos y Japón. Los Estados Unidos despertó de su somnolencia, salió de su aislamiento y se propuso derrotar al Japón y sus aliados. Tres años y medio más tarde esa resolución hallaría su realización en el cielo de Hiroshima en alas del B-29, "Enola Gay".

Antes del ataque a Pearl Harbor, los Estados Unidos se había mantenido al margen de la conflagración mundial que se convirtió en la Segunda Guerra Mundial. Los Estados Unidos era considerado por otros un poder de segunda categoría que marchaba tras los grandes imperios de aquellos días. Menospreciada por sus amigos y denigrada por sus enemigos, Norteamérica simplemente era un testigo más de la terrible atmósfera de guerra que predominaba en el mundo.

Con el ataque a Pearl Harbor y las declaraciones de guerra de Hitler en Alemania y Mussolini en Italia, los Estados Unidos entró a la guerra y se convirtió en el "arsenal de la democracia". Una vez que se lo despertó, el gigante se convirtió en un temible adversario de sus enemigos y un fiel aliado de sus amigos.

La Segunda Guerra Mundial concluyó en la Bahía de Tokio a bordo del buque de guerra *Missouri*, que fue dañado en el ataque a Pearl Harbor. El Imperio del Japón y la Alemania Nazi, se rindieron incondicionalmente ante el retrogrado e inferior gigante dormido. Cuando los nubarrones de la tormenta finalmente se disiparon, el gran poder militar de las fuerzas enemigas había sido subyugado y sus sueños de dominar el mundo se habían convertido en la pesadilla de su derrota. El Imperio Franco y el Imperio Británico yacían en ruinas y prontos a desintegrarse bajo la presión de los movimientos de independencia nacional. Una por una las antiguas colonias en África y Asia obtuvieron su libertad. Y el gigante que dormía despertó para convertirse en el líder del mundo libre.

Despertemos nuestro "gigante dormido"

A veces parece como si el 1941 se repitiera en la historia.

Nuestro adversario, con delirio de dominar el mundo, emprende un ataque repentino contra la Iglesia. Esta sufre un ataque desde el exterior, de una sociedad secular cegada por una falsa espiritualidad, e interno por la creciente apatía de sus miembros. Muchas iglesias se tambalean por los golpes que reciben de su despiadado enemigo. Atrincherada, atrapada, y casi derrumbada, lucha contra circunstancias aparentemente insuperables.

La Iglesia debe ganar. Debemos estar a la ofensiva, en vez de simplemente arrodillarnos e implorar que se nos permita sobrevivir. No nosotros sino las puertas del infierno deben estremecerse ante nuestra arremetida.

En toda su historia, la Iglesia nunca ha tenido a su alcance los recursos ni las oportunidades que tiene esta generación. Nunca ha sido más rica, más educada, ni ha estado mejor equipada; ni tampoco ha tenido acceso a tantas puertas abiertas. Tenemos grandes predicadores, poderosos guerreros de oración, y el poder y la presencia del Espíritu Santo. Vivimos en un tiempo de interés espiritual sin precedentes. En los púlpitos tenemos líderes ungidos y personas motivadas en los asientos. Dios ha derramado sus más ricas bendiciones sobre nosotros. Nunca hemos estado mejor que hoy. Nos debemos considerar ganadores.

A pesar de todos los recursos y oportunidades, muchas iglesias no pueden salir del ciclo de frustración de lentitud o falta de crecimiento. Otras mueren lenta y dolorosamente. Ejercen una influencia mínima en la cultura y en la comunidad. Hay vastos grupos étnicos que no han sido alcanzados. La Iglesia no ha cumplido su misión ni ha vivido al máximo de su potencia. Muchos ven a la Iglesia como una reliquia de antaño.

En algunas iglesias yace un gigante dormido y en otras

desatendido. Ha sido ridiculizado como elemento de segunda categoría que no satisface las necesidades de la iglesia de hoy. Le falta la chispa y el dinamismo de los nuevos métodos de ministerio. Mientras algunos líderes de la iglesia con desesperación buscan nuevas maneras de cuidar de su gente y de alcanzar las comunidades, se malentiende, se menosprecia, y se pasa por alto a este gigante dormido. Siempre ha sido parte de la mayoría de las iglesias, y por años ha esperado que alguien considere su potencial y lo despierte de su sueño.

¿Quién es este gigante dormido? La escuela dominical.

La Iglesia en la cuarta dimensión

Los "cinco magníficos" de la Universidad de Michigan fueron, sin lugar a duda, los cinco estudiantes más talentosos que jamás se hubieran reclutado para jugar en la conferencia de los Grandes Diez del baloncesto. Se los consideraba los mejores. Los campeonatos de conferencias eran ineludibles y los fanáticos de los Wolverines [Lobatos] en el país esperaban anhelantes el campenato nacional. Pero aunque los "cinco magníficos" obtuvieron grandes lauros, nunca ganaron un campeonato nacional.

A pesar del talento, la experta preparación técnica, los fieles hinchas, y la ventaja de jugar para la Universidad de Michigan y en los Grandes Diez, los cinco magníficos nunca aprovecharon su potencial. De un modo u otro, no pudieron organizar su talento, enfocar sus energías, y alcanzar sus más importantes metas.

Algunas iglesias son como el equipo de Michigan. Dios les ha dado dones, el fruto del Espíritu Santo, y ha derramado en ellas sus dones. Cuentan con una extraordinaria preparación que reciben a través del eficaz liderazgo de un pastor lleno del Espíritu, pero no se dan cuenta del gran potencial que tienen. Lo que la mayoría de estas iglesias necesita es un una estrategia inclusiva para organizar sus recursos y enfocar su energía con el fin de alcanzar sus metas

11

más importantes. La escuela dominical ofrece un medio eficiente y efectivo de alcanzar ese fin.

Comprensión de la iglesia en la cuarta dimensión

Con el fin de apreciar plenamente el potencial de una escuela dominical efectiva en la vida de una congregación local, primero debemos entender la Iglesia en general. Las Escrituras describen la Iglesia de diversas maneras. Tres de las analogías más poderosas son un edificio, un cuerpo, una novia. Algunos definen la Iglesia a la luz de las cuatro dimensiones que presenta Hechos 2:42-47: adoración, comunión, discipulado, y testimonio. Otra manera de considerar estas cuatro dimensiones es en función de cuatro cruciales relaciones del creyente. El cristiano se relaciona con Dios a través de la adoración, con otros creyentes a través de la comunión, consigo mismo por el crecimiento espiritual, y con el mundo a través del evangelismo. Otros consideran las dimensiones de la Iglesia en función de cuatro prioridades: servicio a Dios, a los creyentes, al mundo, y el desarrollo espiritual de los creyentes que energiza y capacita para el servicio.

Definamos las dimensiones

Tal vez muchos conocen la antigua fábula de cinco ciegos que describen un elefante. Uno le tocó la cola y dijo que el paquidermo era como una soga. Otro tocó una pata y dijo que era como un árbol. El tercero tocó el costado y concluyó que era como una pared. Después de tocar una de las orejas del animal, el cuarto ciego dijo que éste era como una gigantesca hoja de árbol. El quinto hombre tocó la trompa del elefante y declaró que era como una gran serpiente.

Los cinco hombres estaban en lo cierto. Cada uno describió correctamente una parte del elefante, pero ninguno hizo una descripción adecuada del todo. Claramente podemos concluir que el elefante es más que la suma de sus miembros.

Si describimos a la Iglesia en función de sus componentes será como si con una venda sobre los ojos describiéramos el elefante. No hay descripción parcial que describa adecuadamente el todo, y el todo ciertamente es mucho más que la suma de sus componentes.

Podemos describir la Iglesia de muchas maneras y cada descripción complementa nuestra comprensión de lo que ella es y de su misión; sin embargo podemos concluir que ésta cumple cuatro propósitos fundamentales: (1) La Iglesia es una colectividad de adoración que se reúne para magnificar a Dios. (2) La Iglesia es una colectividad que la une un mismo sentir y que la relaciona su nueva vida en Cristo y que activamente procura fortalecer los lazos de fraternidad. (3) La Iglesia está formada de discípulos que se reúnen para participar de actividades que contribuyen al crecimiento y desarrollo espiritual. (4) La Iglesia es un vivo testigo de Cristo en la tierra que, a través de la predicación y de las obras, tiene como misión proclamar las buenas nuevas a un mundo perdido y moribundo.

Adoración

Había un pensamiento fijo en la mente de los fariseos: el descrédito del nuevo rabí. Todos sabían que nada bueno se esperaba de quien viniera de Nazaret. Así que uno de ellos le preguntó: "'Maestro, ¿cuál es el gran mandamiento en la ley?' Jesús le dijo: 'Amarás al Señor tu Dios con todo tu corazón, y con toda tu alma, y con toda tu mente. Este es el primero y grande mandamiento. Y el segundo es semejante: Amarás a tu prójimo como a ti mismo. De estos dos mandamientos depende toda la ley y los profetas'" (Mateo 22:36-40).

La trampa fracasó.

Las palabras de Jesús en aquellos días abarcaban toda la historia y el destino humanos. Desde ese tenebroso día en que Adán y Eva huyeron del jardín del Edén hasta hoy, y todos los amaneceres hasta el fin del tiempo, hay un solo gran imperativo divino: la reconciliación de la humanidad pecaminosa con el Creador sin pecado. En el epicentro de la historia humana hay un rocoso monte en Judea, donde después de ser torturado, el encarnado

Hijo de Dios anunció la más grande victoria de todos los tiempos: "¡Consumado es!" La puerta se abrió. El sendero fue despejado. Nada se interpone ahora entre Dios y el hombre, excepto el obstinado rechazo de éste de la gracia divina. La salvación y la reconciliación están al alcance de todos los que se arrepienten y creen.

La Iglesia se reúne a celebrar la nueva vida y para adorar a su Creador. A través de la oración, la música, y de muchas otras maneras, el cuerpo de Cristo expresa su alabanza y gratitud, y exalta al único y verdadero Dios. Para muchos los ejercicios espirituales de esta reunión definen la adoración. Pero ésta debe manifestarse en la vida de cada creyente, en la familia de cada uno, y en las demás relaciones. El creyente adora en todo lugar y en todo momento en que expresa su amor a Dios.

No hay una manera determinada de adorar, no hay una liturgia, ni un solo estilo de música; tampoco hay una manera única de predicar, de orar, y de adorar. Las prácticas de adoración las definen el momento, el lugar, la cultura, la personalidad, y la preferencia, y por lo tanto son muchas y variadas. Estas variaciones generalmente son el origen de controversias. Estas han dividido iglesias, han formado nuevas congregaciones, y también denominaciones. Aunque parezca una ironía, el resultado de las diferencias en la adoración a Quien rogó por nuestra unidad (Juan 17:22) generalmente es división y alineación.

Mientras los creyentes debaten acerca de detalles, Dios llama a su pueblo a la verdadera adoración. Él dice que debemos "adorar en espíritu y en verdad" (Juan 4:24). La verdadera adoración es espiritual: emana de una relación dinámica con Dios que se caracteriza por la pasión y la constante búsqueda de una relación más cercana con Él. La verdadera adoración es sincera: fluye de la integridad de una vida que honra a Dios. Quedan excluidas todas las expresiones de adoración mecánicas o que son motivadas por al afán de reconocimiento.

Hace mucho, el profeta Isaías explicó la diferencia entre estilo y sustancia (Isaías 1:11-17; 58:1-14). Si no vivimos de manera que lo agrademos, Dios no se complace de nuestra adoración, no importa el estilo en que la expresemos. El profeta emite una severa advertencia. Tal adoración es "abominación", "iniquidad"; Él las "aborrece", le son "gravosas"; y está "cansado de soportarlas" (Isaías 1:13,14).

Comunión

Jesús enfatizó a sus discípulos la importancia de la comunión, cuando les dijo: "En esto conocerán todos que sois mis discípulos, si tuviereis amor los unos con los otros" (Juan 13:35). Él intercedió por sus discípulos ante su Padre: "Yo en ellos, y tú en mí, para que sean perfectos en unidad, para que el mundo conozca que tú me enviaste, y que los has amado a ellos como también a mí me has amado" (Juan 17:23). Enseñó, además, que el segundo gran mandamiento, después de amar a Dios con todo el ser, es: "Amarás a tu prójimo como a ti mismo" (Mateo 22:36-40).

La unidad es la prioridad clara, inequívoca, y que la Iglesia muchas veces pasa por alto. Dios quiere que la nueva vida de sus seguidores se caracterice por el amor y por la unidad como "cuerpo de Cristo". En 1 Corintios 12, Pablo describe las dimensiones de la "vida del cuerpo". El cuerpo de Cristo, aunque tiene muchos miembros, es uno (v.12). Cada miembro del cuerpo ha sido dotado para desempeñar una función específica (v.11), y cada uno debe usar sus dones para el beneficio del todo (v.7). Los dones no se imparten para la edificación o la exaltación personal, sino para contribuir al funcionamiento saludable del todo. No hay miembro que sea más importante que los demás. Todos son esenciales para la salud y el adecuado funcionamiento del cuerpo. Todos deben tratarse con dignidad y honor (vv.14-18), y todos deben mostrar constante respeto, compasión, atención, e interés por los demás. (En el capítulo 6 encontrará un análisis más amplio de la Iglesia como el cuerpo de Cristo.)

El "vínculo del amor" siempre ha sido "la norma de oro" de la Iglesia. Lamentablemente, no siempre se alcanza. Las epístolas de Pablo muestran cuán rápidamente la iglesia primitiva olvidaba la unidad y se polarizaba por causa de disputas. Dios llamó a Pablo y éste se convirtió en el apóstol a los gentiles. Pronto, los cristianos hicieron frente a la controversia de si los gentiles podían considerarse cristianos sin haber adoptado las costumbres y las prácticas judías. La diferencia de opinión finalmente suscitó conflicto entre Pedro y Pablo, dos pilares de la iglesia primitiva.

A lo largo de la historia de su unidad como organización, la Iglesia se ha fragmentado una y otra vez. Primero se dividió en la iglesia de Roma y la de Constantinopla. La iglesia de Occidente se dividió por influencia de las noventa y nueve tesis de Martín Lutero. Pronto los calvinistas y los anabaptistas se unieron a las filas de los futuros reformadores. Calvino se apartó de Lutero, Jacobo Arminio rechazó a Calvino, Enrique VIII, por razones poco honrosas, rechazó a Roma y organizó la Iglesia de Inglaterra. Los metodistas se levantaron contra la iglesia anglicana cuando el pueblo respondió a la predicación de John Wesley y a la música de su hermano Charles. El metodismo, a su vez, fue desechado con la aparición de nuevos movimientos, incluidos los metodistas libres y la iglesia nazarena. Después vino los sucesos de la calle Azusa y el surgimiento del movimiento pentecostal. Este último ha generado una docena o más de fraternidades (sin contar el movimiento carismático). Y esa es solo una rama del árbol familiar.

Con mayor frecuencia de lo que imaginamos la Iglesia ha fallado en su propósito de ser la respuesta a la oración de Cristo por la unidad. Sus controversias y divisiones han hecho leyenda. En tono de broma los pastores hablan de las "divisiones santificadas" cuando, heridos y enojados, algunos miembros abandonan la congregación. Los líderes de las denominaciones ingeniosamente arguyen que la división es realmente un método de "plantar" otra iglesia. Algunos expresan su sentimiento con un breve (y triste) refrán:

Vivir con los santos
en el cielo
será la gloria.
Vivir con los santos
en la tierra
es otra historia.

Recite estas palabras en cualquier congregación y verá cabezas que asienten, oirá el amén de los presentes y risas de nerviosismo. Sin embargo, observe con detenimiento la triste realidad en la mirada de las víctimas de las "guerras santas". A pesar de sus muchas caídas, la iglesia ha sido llamada a ser una verdadera comunidad y a fomentar el amor, la lealtad, y la unidad entre sus miembros.

No se puede evitar que haya desacuerdos entre cristianos. Las diferencias basadas en el momento, el lugar, la experiencia, la personalidad, y la conciencia han hecho que los creyentes lleguen a diversas conclusiones en relación con la vida cristiana. Tales desacuerdos no conducen automáticamente a una pérdida de la unidad. El comentario de Pablo acerca de lo sacrificado a los ídolos (1 Corintios 8) tiene como fin instruir. Él enseña que cada creyente tiene libertad de usar la conciencia cuando debe decidir acerca de asuntos que atañen a la moral. Lo que realmente importa es el respeto a la sensibilidad de los creyentes. Quienes tienen una conciencia "firme" no deben hacer alarde de su libertad, quienes tienen una conciencia "débil" no deben imponer su posición.

Después de aconsejar a un joven colega, un veterano pastor comentó: "El ministerio es como el matrimonio: es necesario aprender a elegir los conflictos."[1] El pastor expresó claramente su punto de vista: Hay cosas por las que se debe luchar, pero la mayoría son causas fútiles. Sabiduría espiritual es discernir entre una y otra. Hay asuntos que son esenciales a la fe y que nos llaman a la lucha. Hay otros que pueden tolerarse porque se originan en la experiencia, el trasfondo, la perspectiva, o la práctica.

No es lo mismo hablar de unidad organizativa y de unidad esencial. Los creyentes pueden expresar su fe a través de diversas organizaciones y cuerpos de creyentes sin renunciar a los lazos de unidad en Cristo. Pero la unidad esencial debe tener sus raíces en los principios fundamentales de nuestra fe.

Esta es la armonía que debe reinar en la iglesia. La unidad no se da instantáneamente; es el resultado del esfuerzo de crear una atmósfera de amor compasivo y de lealtad a través de la verdad, la visión, y los valores comunes.

Verdad. En 2 Corintios, el apóstol Pablo pregunta: "¿qué compañerismo tiene la justicia con la injusticia? ¿Y qué comunión la luz con las tinieblas? ¿Y qué concordia Cristo con Belial? ¿O qué parte el creyente con el incrédulo?" (2 Corintios 6:14,15). ¿Cuál, en verdad? Si bien es cierto que la conciencia del cristiano define gran parte de su vida, aquella, la conciencia, no define los principios fundamentales del evangelio. No se puede debatir asuntos como la inspiración y la infalibilidad de las Escrituras; la Trinidad; el nacimiento virginal de Cristo, su vida sin pecado, su obra redentora en la Cruz, la resurrección, y la salvación por gracia. Estos son los márgenes de la unidad, porque definen lo que es ser parte de la familia de Dios.

Visión. La visión de la colectividad es la piedra angular del servicio cristiano y del ministerio de congregación eficaz. Los creyentes tienen en común una visión de mundo y una comprensión de la vida y de la realidad que tal vez no concuerde con la de aquellos que están fuera de la fraternidad. La perspectiva común de Dios, de la verdad, de los tiempos, de la eternidad, y del sentido de la vida se convierte en una lazo indestructible.

Valores. La unidad es también el resultado de valores comunes. En diversas épocas y lugares los creyentes han valorado diferentes cosas, pero los valores centrales de la fe permanecen intactos. Es posible que estos principios eternos y fundamentales se apliquen de manera diferente, pero son los hilos que tejen la iglesia unificada. Los creyentes siempre han creído que es esencial vivir una vida piadosa, pero no siempre han coincidido en lo que significa vivir piadosamente. Hay diferencias entre la norma de diversas épocas, lugares, y culturas. En conclusión, el anhelo de vivir de manera justa y santa ante Dios es lo que une a todos los creyentes.

La verdadera fraternidad es universal. Abarca creyentes del mundo, de la ciudad, del vecindario, de una calle en particular. Supera diferencias de raza, idioma, cultura, nivel económico y social, y la influencia de la historia y de la tradición. La señal de que somos cristianos es el amor recíproco.

Discipulado

Jesús comisionó a la Iglesia para que hiciera discípulos a todas las naciones, bautizándolos, y enseñándoles que guarden todas las cosas que Él mandó (vea Mateo 28:19,20). ¿Pero que hace al verdadero discípulo?

El verdadero discípulo resuelve ser como el Maestro. Entiende que el discipulado es un proceso de toda la vida que se nutre de una creciente continua relación con el Maestro que crece. Es el genuino proceso de, no sólo "obedecer las reglas", sino de *alcanzar la estatura*. Finalmente, el verdadero discipulado es un asunto de relaciones. Los discípulos crecen no sólo en la relación con el Maestro, sino en la relación con otros discípulos.

El genuino discipulado afecta cinco cruciales áreas de la vida: *conocimiento, actitud, acción, relaciones y el espíritu.*

Conocimiento. Todo discípulo es un aprendiz, pero no todo aprendiz es un discípulo. La asimilación de mucho conocimiento no necesariamente cambia la vida. El mundo está lleno de inconversos conocedores de la Palabra. Isaac Asimov, el conocido escritor de ciencia ficción, publico una guía a la Biblia en dos tomos, pero esa acción no lo convirtió en creyente.[2] La instrucción bíblica y doctrinal es el primer paso crítico del nuevo discípulo; esencial pero insuficiente. Más que *hechos* acerca de las Escrituras, el discípulo debe entender los principios bíblicos. La Biblia no es un libro de reglas con prescripciones para cada situación. No obstante, está lleno de principios que, cuando se entienden adecuadamente, guían a los creyentes en toda situación. Estos principios son igualmente válidos a todos los creyentes, en todo tiempo y lugar. Las circunstancias, las culturas, y las aplicaciones varían, pero los principios son inmutables.

Más que aprender hechos y evidencias bíblicas, los discípulos deben desarrollar una cosmovisión de mundo, una comprensión de la vida y de la realidad que sea verdaderamente cristiana. Los creyentes y los no creyentes ven el mundo de diferente manera. Los creyentes creen que Dios es la fuente de la verdad; el inconverso vive en constante búsqueda de la verdad. El creyente considera que la moralidad es una norma absoluta que Dios estableció; el no creyente piensa que la moralidad es relativa y que la determina la cultura y la sociedad. El creyente tiene seguridad de la vida eterna; el que no lo es lucha con la seguridad de la muerte. Si estas comparaciones nos hacen pensar que el creyente y el inconverso perciben y entienden el mundo de diferente manera, efectivamente así es.

Actitud. Los discípulos adoptan la *actitud* de su Maestro. Después de que los Green Bay Packers, un equipo de futbol Americano, alcanzaron el segundo lugar dos años consecutivos, el entrenador Vince Lombardi resolvió que no volvería a suceder. Puso en los camerinos afiches con palabras de motivación para sus jugadores. Uno simbolizaba la esencia de su filosofía: "Ganar no es lo más importante, es lo único que importa."[3] En la vida, la actitud no es lo más importante, es lo único que importa. La actitud es la mediadora de todas las experiencias de la vida. Lo que es fuente de gozo para uno, lo es de tristeza para otro. Siempre podemos atemperar la actitud.

Considere, por ejemplo, la actitud de María en respuesta al mensaje del ángel de que daría a luz al Mesías (Lucas 1:38). Ella sabía quién era: una sierva de Dios. Sabía que su vida no le pertenecía y estuvo dispuesta a obedecer.

Acción. Los discípulos harán como su Maestro. Los cristianos deben obrar de manera diferente de quienes los rodean, no por causa de alguna demanda externa, sino porque son diferentes. Los discípulos viven con un diferente propósito, una diferente perspectiva, y una diferente prioridad, y son capacitados por otro poder, diferente del que mueve a los que no tienen a Cristo. El amor de Dios, que nos mostró a través del sacrificio de Cristo, debe expresarse en la vida del creyente. "Porque el amor de Cristo nos constriñe,... para que los que viven, ya no vivan para sí, sino para aquel que murió y resucitó por ellos....Y todo esto proviene de Dios, quien nos reconcilió consigo mismo por Cristo, y nos dio el ministerio de la reconciliación;...Así que, somos embajadores en nombre de Cristo..." (2 Corintios 5:14-20).

Relaciones. Los verdaderos discípulos se relacionan con los demás y los tratan como lo haría el Maestro. Hay diversos niveles de intimidad en nuestra relación con las personas: extraños, conocidos, amigos, familia, y personas cercanas. Pero Jesús tenía una sola manera de tratar a la gente: con amor. Él amó al fariseo y al pródigo. Amó a sus amigos y a sus enemigos (Mateo 5:44). Amó a los que se acercaron a Él y a quienes nunca lo hicieron. Amó a sus hermanos (1 Pedro 2:17) y también al mundo (Juan 3:16). Amó a quienes lo complacieron y a quienes le destrozaron el corazón.

Jesús ve a la gente de manera diferente. Nosotros vemos las cicatrices del pecado; Él ve la imagen de Dios. Cuando nosotros vemos los problemas de la gente; Él ve el potencial de ellos. Cuando nosotros vemos el pecado; Él también ve al pecador. Cuando vemos enemigos y adversarios; Él ve aliados y futuros amigos. Nosotros vemos lo que ha sucedido; Él ve lo que puede suceder. Cuando vemos lo imposible en nuestra vida; Él ve el milagro que puede obrar en nosotros. Cuando vemos los errores y fracasos del pasado; Él ve la esperanza y la posibilidad del futuro.

Finalmente, los discípulos buscaron en su relación con los demás la suprema voluntad de Dios: *reconciliación.* El ministerio de la reconciliación es la misión de la Iglesia (2 Corintios 5:14-21). El primer paso es la reconciliación con Dios a través de Cristo. Es necesario que quien se reconcilia con su pasado también se proyecte al futuro en Cristo. Vale agregar que la verdadera reconciliación con Dios requiere que nos reconciliemos con nuestro prójimo, aun aquellos que nos han herido profundamente.

El espíritu. El verdadero discipulado no es simplemente aceptar la doctrina cristiana, tener la actitud adecuada, seguir un código moral de conducta, o tratar a otros con decencia. Es la transformación espiritual que vivimos por gracia a través de la fe, y que es obra del Espíritu Santo en la vida del creyente con el fin de regenerar, santificar, e investir de poder. Es la obra de Dios en el creyente.

Los inconversos pueden aceptar la doctrina cristiana, exhibir una actitud bondadosa, vivir una vida moralmente justa. También pueden tratar al prójimo con respeto y bondad, pero no importan cuán loables sean, los atributos no hacen de la persona un discípulo. La característica que distingue a éste no está en el exterior, sino en el interior. El creyente es transformado desde el interior hasta que ya no se conforma a este siglo, sino que es renovado (vea Romanos 12:2) para ser hecho conforme a la imagen del Hijo de Dios (vea Romanos 8:29). La apariencia del verdadero discípulo es una manifestación de la transformación espiritual interna. No es una careta que oculta el verdadero yo; es una expresión de quién realmente somos y de que cada día nos asemejamos más a Cristo.

Testimonio

El testimonio más importante de la Iglesia en el mundo es su *presencia*. La existencia misma de la Iglesia es testimonio al mundo de la verdad del evangelio. Por más de dos mil años, dictadores y déspotas han proclamado jubilosos la inminente desaparición de la Iglesia. No obstante, todavía estamos aquí. Por más de dos mil años la Iglesia ha sufrido persecución, pobreza, y prejuicio. Sin embargo, todavía estamos aquí. Por más de dos mil años los cristianos han sido ridiculizados, desdeñados, y rechazados en su vecindario, en su colectividad, y en su cultura. Pero todavía estamos aquí. Los lugares de reunión han sido profanados, confiscados, y destruidos. Los líderes han sido objeto de amenazas, golpizas, prisión, y martirio. Los creyentes han sido repudiados por su familia, perseguidos por el gobierno, exiliados, y ejecutados. Aun así, todavía estamos aquí. A través de la historia y en todo lugar se ha sembrado el evangelio con semillas de sacrificio y éstas se han regado con la sangre de los mártires, y... todavía estamos aquí.

La existencia misma de la Iglesia a gran voz proclama a un mundo incrédulo la verdad del evangelio. Estamos aquí y no nos moveremos porque nuestro mensaje es verdadero. Los incrédulos tal vez no nos aceptan porque nos ven como un peligro, una necedad, o una locura. Tal vez se nos tiene a menos y se nos rechaza, pero nadie puede pasar por alto la verdad que proclamamos.

El testimonio de la Iglesia en el mundo no finaliza con nuestra existencia, sino que comienza con ella. La Iglesia no es solo un testigo, sino que debe dar testimonio en el mundo. La Iglesia testifica al mundo a través de tres dimensiones: la *proclamación*, las *personas*, y el *poder*.

La Iglesia testifica al mundo a través de la *proclamación* del evangelio. Durante siglos la Iglesia ha procurado comunicar fielmente el mensaje del evangelio a través de todos los medios a su disposición: predicación, enseñanza, música, teatro, pintura, y literatura, entre otros. Pero tal vez el más poderoso medio de proclamación es la vida de los creyentes, el testimonio de ellos, y sus sencillas obras de bondad y generosidad.

La Iglesia testifica al mundo cuando su enfoque son las *personas*. El evangelio es y siempre será para las personas que necesitan las buenas nuevas de Jesucristo. Cuando la Iglesia se da a conocer como lo que verdaderamente es, desecha las prioridades mundanales de poder, riqueza, y prominencia, y se ocupa en satisfacer necesidades. Al rechazar los falsos patrones del mundo, la Iglesia manifiesta su presencia en la sociedad y muestra el marcado contraste entre el evangelio de Cristo y el evangelio de conformismo con la cultura. Cuando la Iglesia ha perdido este enfoque, ha sido a expensas de su autoridad moral, su piadosa influencia, y su poder espiritual.

El irrefutable *poder* del evangelio es evidente primero en la capacidad de la Iglesia de mantener el rumbo a pesar de la oposición. Una segunda manera en que se proclama el mensaje del evangelio es a través de las intervenciones milagrosas del Espíritu de Dios en sanidades, milagros, y respuesta a la oración. Tal vez los inconversos no creen que Dios puede contestar la oración de ellos, pero ocasionalmente piden a un cristiano que ore por ellos. Jesús advirtió que la generación mala y adúltera iría tras las señales (Mateo 16:4). Los cristianos de hoy debemos recordar que estas palabras describen la generación en que vivimos. Cuando las señales y los milagros son una poderosa parte de la vida de la Iglesia, se convierten en un testimonio irrefutable del evangelio.

En conclusión

Las cuatro dimensiones de la iglesia —adoración, comunión, discipulado, y testimonio— se expresan en diversas maneras. De cualquier manera que se expresen, estas son la base necesaria para entender la Iglesia. ¿Pero cómo se combinan estas partes y forman un todo cohesivo?

La teoría de "la piedra"

Cierta vez un maestro desafió a su clase con un dilema aparentemente insoluble. Presentó cinco objetos a la clase: un envase de vidrio vacío, una piedra grande, grava, arena, y agua. ¿El desafío? Poner todos los elementos dentro del jarro. Después de varios intentos de los alumnos, el maestro demostró que esta tarea no se puede realizar a menos que se siga los pasos correctos. Explicó: "Pongan la piedra primero y después la grava. Ésta llenará el espacio que ocupa la piedra. Después añadan la arena y llenará los espacios entre la piedra y la grava. Finalmente, añadan el agua. Esta llena el espacio que queda. Es la única manera de hacerlo. Otro orden no dará resultado.

Algunos usan la teoría de la piedra grande para ordenar por prioridad los cuatro enfoques de la Iglesia. Los líderes establecen que lo más importante es lo que se cree; cuando la "piedra" está en su lugar, lo demás se acomoda. El nombre de la iglesia se selecciona de modo que comunique la esencia de su visión (su "piedra grande") a la congregación y a la comunidad. Es evidente que "la piedra grande" de algunas iglesias es el evangelismo porque en el nombre incluyen expresiones como "centro de alcance mundial" o palabras como *cosecha* o *misionero*. Otras, para enfatizar la comunión, usan en su nombre palabras como *familia*, *comunidad*, o *fraternidad*.

Lo que subyace en la elección de un nombre es la firme convicción de que se establece la adecuada prioridad para la vida y el ministerio de la Iglesia. Se cree que si se tiene la correcta prioridad, todo lo demás ocupará el lugar que le corresponde y la iglesia gozará de salud y solidez.

No hay acuerdo acerca de cuál de las cuatro dimensiones de la iglesia es "la piedra grande". En diversos momentos y en diferentes lugares, la iglesia ha considerado prioridad una u otra de estas dimensiones. Hay exitosos líderes de la iglesia que buscan apoyo a su punto de vista, y afirman que esa es la manera de edificar la iglesia. La decisión acerca de una prioridad la hacen guiados por la preferencia personal, perspectiva, y personalidad, y por eso es posible que no sea la elección adecuada para otra iglesia.

Sin embargo, no se puede subestimar la influencia que las grandes iglesias ejercen en los líderes cuando estos deben optar pon una prioridad. Se entiende que, bajo diversas circunstancias, la iglesia ha tenido que enfatizar diferentes aspectos de su vida y ministerio. No obstante, el error es creer que un énfasis valioso para una congregación debe ser transplantado a otra.

Esta teoría de la "piedra grande" no se aplica bien en la realidad, porque otras dimensiones de la iglesia se ordenan en relación con las prioridades de los líderes, y los ministerios se valoran (o desvaloran) según su influencia en esta visión en particular. Los ministerios reciben recursos (obreros, finanzas, inmuebles, equipos, y otros) o no los reciben según el aporte a la prioridad central. Esta prioridad se convierte en el principal criterio de organización, la norma de evaluación, y el prisma a través del cual vemos la vida y el ministerio de la Iglesia. Arma a los líderes de la iglesia de una extraordinaria percepción de ciertas áreas y al mismo tiempo les cierra los ojos a otros aspectos críticos de la vida eclesiástica. Inevitablemente estos otros aspectos perderán importancia. Y quienes creen que sus dones y llamados no armonizan con la prioridad clave de la iglesia se sentirán como simples observadores de lo que ocurre dentro de la congregación.

El resultado será semejante a lo que ocurre en el establo de la obra *La granja de los animales [Animal Farm]* de George Orwell, donde todos los animales son iguales, pero el grado de semejanza de los cerdos es mayor. Los líderes de la Iglesia valoran todos los ministerios, pero la "piedra grande" de ellos tiene aun más valor.

El rompecabezas corporativo

Algunos no aceptan el concepto de la piedra grande. Consideran que la iglesia no existe en función de cierta estructura jerárquica, sino que su crecimiento y desarrollo la definen cuatro elementos igualmente importantes. La tarea de los líderes de la iglesia no deber ser dar prioridad a un determinado ministerio, sino hacer posible que los diversos aspectos de la iglesia se combinen como las piezas de un rompecabezas. La responsabilidad de ellos debe ser coordinar y equilibrar los diversos ministerios. En vez de desafiar a la iglesia y a todos sus ministerios a respaldar una cierta prioridad clave, el desafío debe ser facilitar el desarrollo armónico y saludable de todos los aspectos de la vida y del ministerio de la iglesia.

En este modelo, la iglesia se ve en términos de una moderna corporación con varias divisiones. Cada división tiene su identidad y función únicas, y realiza su trabajo con cierta autonomía. Cada una es responsable ante el liderazgo y opera bajo la supervisión y la orientación de éste. Tiene firmes conexiones con cada división y con los líderes pero la conexión entre divisiones es débil.

Este modelo, como el de la piedra grande, también presenta consecuencias inadvertidas e inevitables. Por ejemplo, los ministerios tenderán a *competir*. Debido a los limitados recursos, los ministerios deberán competir para obtener obreros, espacio de trabajo, fondos, y equipos necesarios para un desempeño satisfactorio. En tal ambiente, en vez de colaboradores y aliados, los creyentes pueden ver a otros miembros de la iglesia como competidores y adversarios. La ganancia de un ministerio puede ser la pérdida de otro.

Este rompecabezas corporativo también puede ser causa de *miopía ministerial*. En otras palabras, tal es la atención que se presta a una porción que se pierde de vista el todo. Esta ceguera institucional que no permite ver otros ministerios ni los intereses de otras personas en la iglesia, es terreno fértil para la controversia y las ofensas. Hay también otras consecuencias negativas, como desperdicio de las oportunidades de cooperación, duplicación innecesaria de programas —especialmente cuando un ministerio se expande sin considerar los ministerios que ya existen—, sentimientos de aislamiento y alineación cuando las divisiones de los ministerios luchan para cumplir sus planes sin considerar " la visión general".

El *elitismo ministerial* es otra consecuencia involuntaria del enfoque de rompecabezas ministerial. Se tiende a considerar que el ministerio en que se participa es el más importante, el más prolífico, el que más demanda de las personas, y que en consecuencia merece mayor honor y aprecio de los demás. Quienes sufren de elitismo ministerial no aprecian el valor y el aporte de otras personas. Interpretan las palabras de Filipenses 2:4 ("no mirando cada uno por lo suyo propio, sino cada cual también por lo de los otros") desde una perspectiva totalmente contraria: velan por su propio interés, no el de los demás.

En un ambiente así, se puede garantizar el conflicto. La lucha y la manipulación política puede ser parte normal de la vida de la iglesia cuando la gente va tras recursos, posición, poder, y prestigio. Los líderes exitosos son los que trabajan arduamente y cumplen las metas que se proponen para su ministerio, y que no consideran cómo sus decisiones y acciones afectan a los demás y a la iglesia en general.

Este enfoque pone una pesada carga sobre los líderes. No hay decisión que satisfaga a todos, y la asignación de recursos requiere la sabiduría de Salomón. En las disputas los líderes deben cumplir el papel de árbitros, vendar los sentimientos heridos, y aliviar las contusiones del ego. Se tiende a pensar que al celebrar las realizaciones de unos, se pasa por alto o se insulta a otros. Apreciar el esfuerzo de unos es desdeñar el trabajo de otros. Quien puede hacer que las personas se pongan de acuerdo y que marchen en un misma dirección ha cumplido una tarea monumental; como hacer que una camada de gatos permanezcan dentro de un cajón: requiere constante esfuerzo y difícilmente hará feliz a todos (especialmente a los gatitos).

La herramienta adecuada

Ambos modelos, la piedra grande y el rompecabezas, son de frecuente uso. Ambos tienen fortalezas y fragilidades inherentes. Ambos producen resultados extraordinarios, y ambos pueden llevar al fracaso. Los adeptos de uno y de otro pueden cuestionar los méritos del modelo que no aplica. Sin embargo, ese no es el asunto.

El asunto no es si uno es mejor que el otro. El asunto es si uno de ellos es la herramienta adecuada para realizar el trabajo. ¿Hay otra manera más efectiva en que la iglesia puede aprovechar sus recursos, enfocar su energía, y cumplir efectivamente su prioridad?

Para algunos, la búsqueda de un modelo efectivo de ministerio en la iglesia local es como los caballeros de la Edad Media en busca del Santo Grial: una empresa interminable e infructífera. No hay Santo Grial ni piedra grande, ni bala mágica ni modelo de iglesia efectiva. No obstante, hay principios y pautas bíblicas y eternas que son la base del ministerio efectivo. En los siguientes capítulos examinaremos algunos de estos principios y maneras prácticas de implementarlos en la vida de la iglesia local a través de la escuela dominical.

Notas

[1]Reverendo Thomas Skoog, conversación con el autor, Adrian, Mich., 1984.

[2]Isaac Asimov, *Asimov's Guide to the Bible [Guía a la Biblia de Asimov]*, 2 tomos, (New York: Doubleday Publishing Company, 1968-1969).

[3]David Maraniss, *When Pride Still Mattered: A Life of Vince Lombardi [Cuando aún la ufanía importaba: la vida de Vince Lombardi]* (New York: Simon and Schuster, 1999).

Los ladrillos del ministerio eficaz

El regalo de Navidad

Era muy tarde en víspera de Navidad.

Las medias estaban colgadas (cuidadosamente, pero no de la chimenea porque no había) y llenas de regalos. La casa estaba impregnada del dulce aroma de las galletas y golosinas que se acababan de hornear. Los niños ya estaban acostados . . . por tercera vez . . . y se daban vueltas en la cama pensando en el siguiente día. Bajo el árbol navideño, había una pila de regalos envueltos en colorido papel. El padre observó a su alrededor, todo parecía estar en su lugar.

"Creo que me voy a acostar. Buenas noches", dijo a su esposa que estaba en la cocina.

"Te olvidaste de algo, ¿verdad?", replicó la esposa.

"¿Olvidarme? ¿De qué?", preguntó él.

"Tienes que armar la casa de muñecas de Érica. No tendrá tiempo en la mañana; eso es lo que ella espera recibir esta Navidad, ¿recuerdas?"

Él lo había olvidado. No lo entusiasmaba la idea de trabajar en otro proyecto que lo haría trasnochar, pero no podía ni siquiera imaginar el sentimiento de frustración de su hijita. Así que fue y sacó la caja del escondite debajo de la cama de ellos.

Cuando abrió la caja, se encontró con una mezcolanza de piezas que serían las paredes, el piso, el cielo raso, y el techo de la casita. También encontró un surtido de tornillos, tuercas, pernos, abrazaderas, y muchas otras pequeñas piezas obviamente importantes pero también misteriosas. Ni siquiera imaginaba lo que eran. Escarbó en la confusión de piezas y encontró bolsitas con muebles para la casa que parecían ser de fácil ensamblaje. Finalmente en el fondo de la caja encontró el manual de instrucciones. Era tan largo que tal vez en el se podría haber escrito el Quijote de la Mancha de Cervantes.

El frustrado padre se sintió aliviado cuando descubrió que el manual incluía instrucciones en cuatro idiomas: español, francés, inglés, y algo que parecía chino, japonés, o coreano. Comenzó a leer la versión en inglés. Pronto, notó dos cosas. Primero, el inglés probablemente no era el idioma materno de la persona que redactó las instrucciones. Segundo, es posible que el autor probablemente nunca hubiera armado una de esas casas. Las páginas estaban llenas de diagramas con flechas que apuntaban a la "ranura a" y la "lengüeta b" y recomendaciones acerca de la clase de tornillo que se debía usar con un cierto tipo de abrazadera. (No pudo encontrar algo que explicara el misterio de los componentes de la casita.) La "lista de herramientas" parecía un pedido de reaprovisionamiento de una ferretería.

Esa sería una larga noche.

"Cariño, ¿me puedes preparar una taza de café?", pidió a su esposa. En la voz se podía percibir que no se sentía muy contento con la misión que estaba a punto de empezar.

Después de una hora de trabajo en el proyecto, el fatigado padre había armado, desarmado, y vuelto a armar diversas porciones de la casa. Tenía demasiadas piezas de un cierto tipo y muy pocas de otras, y había otras que ni siquiera podía encontrar. Por más que se esforzaba, todavía no podía solucionar el misterio de las piezas misteriosas. El piso estaba cubierto de objetos: herramientas, componentes de la casa, material de embalaje y las instrucciones. El café se había enfriado, la esposa se había dormido, y él todavía no podía decir que tenía una casa de muñecas medianamente armada. En ese momento notó que había una inscripción en la tapa de la caja: "Tan fácil de armar que un niño lo puede hacer en 30 minutos". Por un momento consideró seriamente que tal vez sería buena idea despertar a uno de sus hijos para que lo ayudara. También se sintió tentado a poner todo en la caja, envolverla con hermoso papel, ponerle un moño, y decir a su hija que el abuelo se había ofrecido para ayudarla a armar la casita de muñecas. (Pero desistió porque amaba mucho a su padre.)

Poco a poco, la casa comenzó a tomar forma. Ciertamente, todas las que necesitaba estaban en la caja. No sobraba, ni faltaba. El diligente padre resolvió el misterio de las piezas misteriosas. La "lengüeta b" realmente calzaba en la "ranura a". Aunque el juguete "fácil de armar" no resultó tan fácil, finalmente pudo ensamblarlo y poner cada pieza en su lugar.

Triunfante el padre dio el toque final a la casa de muñecas: el hermoso moño decorativo sobre el techo. Puso la casita en un lugar estratégico, donde su hija pudiera verla tan pronto entrara en la sala unas horas más tarde. Le parecía que oía los gritos de alegría. El solo pensamiento lo hizo sonreír. Pero la sonrisa se esfumó cuando al levantar la casa noto que sobraba una pieza. No sabía cómo, pero era obvio que había armado la casa sin notar que ésta faltaba. Por más que examinó su trabajo, no pudo precisar dónde debía haberla puesto ni cómo pudo armar la casa sin ella. Pensó deshacerse de ella, pero finalmente decidió guardarla. Tal vez tendría que desarmar la casa y volverla a ensamblar; pero esa sería tarea para otro día.

Fue a su dormitorio, se metió en la cama, y se quedó profundamente dormido.

Quince minutos después, allí estaban los niños, saltando en la cama de sus padres y hablando en voz alta y con entusiasmo: "¡Despierten!, ¡despierten!, ¡es Navidad!"

Erica estaba muy feliz cuando vio su casa de muñecas.

Introducción

La Iglesia no es un juego de componentes que se ordenan por prioridad, ni que se tramitan, ni que se organizan. No hay piedra grande. La Iglesia no es un rompecabezas gigantesco cuyas piezas son los líderes que procuran trabajar unidos. Ni es una corporación con divisiones que compiten entre ellas. Cabe mencionar que el discipulado tampoco es una simple pieza del rompecabezas.

Otra manera de ver la Iglesia es como un organismo viviente que interactúa con el mundo que lo rodea y que está formado de sistemas interdependientes e interactivos. Para sobrevivir y prosperar en un mundo hostil, los diversos sistemas de la iglesia deben:

1. contribuir uno con el otro;
2. operar de concierto y evitar la competencia;
3. operar como unidad, nunca como partes independientes; y
4. por último, procurar ser considerados por los líderes de la iglesia, no sólo como sistemas igualmente esenciales, sino como igualmente importantes.

La Biblia presenta a la Iglesia como un "cuerpo". Cada miembro extrae vida y fuerza del todo. Cada miembro hace posible el funcionamiento del todo y de las partes. Cada miembro aporta a los demás lo que necesitan para el adecuado funcionamiento. La realización de un miembro es ser parte del todo. Y cada uno combina su funcionamiento con los demás miembros y se somete a la voluntad del todo por el bien del todo (Romanos 12; 1 Corintios 12; Efesios 4:11,12).

Como en el cuerpo humano, la Iglesia tiene sistemas que deben funcionar adecuadamente si se han de mantener sanos y fuertes. Todos los sistemas (circulatorio, endocrino, respiratorio, digestivo, nervioso, etc.) son esenciales. El mal funcionamiento de cualquiera de ellos afecta a los demás. No es posible decir que uno es más importante que otro, porque todos se entrelazan.

Cuando se da a entender que un aspecto de la iglesia es más importante que los demás o que un ministerio puede prescindir de otros, equivale a decir que las alas del avión son más importantes que los motores, el fuselaje, o la cola; es como tratar de hacerlo volar con solo las alas o los motores. La integración y la interrelación hacen posible el vuelo.

Hay ocho sistemas que deben operar para la salud de la iglesia. Estos son los ladrillos de la vida y el ministerio de la iglesia. Cada uno debe cumplir su función en el cuerpo, porque cada uno contribuye al buen funcionamiento de otros sistemas y del cuerpo en general. Deben existir en un ambiente de apoyo mutuo en que cada uno valore a los demás, los nutra, y también les sirva y se deje servir. En las siguientes páginas comentaremos estos ocho sistemas.

Instrucción

La Iglesia enseña. Siempre lo ha hecho y siempre lo hará. Desde la Gran Comisión, a sus primeras confesiones y catecismos, la Iglesia ha considerado que la enseñanza es parte integral de su vida y ministerio. Uno de los grandes desafíos de la Iglesia y una de sus tareas esenciales es el desarrollo de saludables sistemas de instrucción.

Tres componentes esenciales—*contenido, propósito,* y *metodología*— integran el ministerio de enseñanza de la iglesia.

¿Cuál es el *contenido* de la enseñanza de la iglesia? Primero que nada, la iglesia enseña la Biblia. En el capítulo 1 se discutió tres niveles de comprensión bíblica: *información bíblica, principios bíblicos,* y *perspectiva bíblica.* La información bíblica comprende los personajes bíblicos, el aspecto histórico de la Biblia, las historias, y las doctrinas. Los principios bíblicos son de alcance universal. Estos principios se aplican a pesar del momento histórico o del lugar en que viven los creyentes. En este nivel de principios, se enseña a los creyentes a poner su fe en acción. Finalmente, la iglesia enseña la perspectiva que abarca nuestra comprensión de la vida y la realidad.

Una serie de otras importantes enseñanzas se erige sobre este fundamento. Por ejemplo, la iglesia enseña habilidades básicas para el diario vivir. Los creyentes deben aplicar la fe en todo aspecto de la vida. Algunas de las habilidades básicas de la vida cristiana tienen relación con el matrimonio y el cumplimiento responsable de su función como miembro de la familia (padres, hermano, hermana, hijo, hija). Otros aspectos de la vida cristiana que debe tratar el ministerio de enseñanza de la iglesia son la amistad entre hombre y mujer, el noviazgo, la sexualidad, y el matrimonio.

La iglesia también debe enseñar habilidades prácticas para vivir como cristianos en el lugar de trabajo. Debe ayudar a los creyentes a entender su responsabilidad hacia el empleador y los demás empleados. Para la vida cristiana exitosa es importante el equilibrio entre trabajo, fe, y familia.

Otro aspecto de la vida cristiana práctica es entender nuestra posición en la iglesia. Se debe enseñar la mayordomía del tiempo, de los talentos, y de los bienes. Los cristianos deben entender y vivir según la verdad de que todos los creyentes tienen talentos y han sido llamados al ministerio y, como mayordomos de sus dones, son responsables de su servicio. También deben entender que tales asuntos prácticos, como resolución de conflictos, la respuesta a la autoridad en la iglesia, y el deber hacia los hermanos y las hermanas en Cristo son fundamentales para la vida cristiana saludable y la vida de la iglesia.

Pero la vida cristiana no sólo se manifiesta en el hogar, en el trabajo, o en la iglesia. Se vive en la relación con la comunidad más amplia. ¿Cuál es el deber del creyente como ciudadano? ¿Cuál es su deber hacia su vecino, su colega, y todas las personas con que interactúa cada día, como mecánicos, meseros, dueños de negocio, banqueros, y otras personas en el mundo de los negocios? ¿Cómo debe el creyente comunicar su fe en el ámbito político? ¿Está bien que sirva en las fuerzas armadas? La lista continúa.

Además de los principios bíblicos y de las habilidades para la vida práctica, se debe enseñar acerca de la identidad de la iglesia. Parte esencial de la educación cristiana son la historia, las doctrinas, los propósitos, y las perspectivas de la congregación en particular y de su hermandad. La unidad y el sentimiento de comunidad se gestan con más facilidad cuando sabemos qué nos hace lo que somos. Los creyentes admitimos que hay muchas diversas y válidas expresiones de la iglesia en el mundo. Pero cada iglesia debe transmitir su propio legado o inevitablemente perderá su identidad única. Si se quiere que los valores y los propósitos de los padres fundadores permanezcan se deben transmitir a los nuevos que no han sido parte de esa historia o tradición.

La iglesia también debe equipar a los creyentes para el servicio en la congregación y en la comunidad. Todos los creyentes tienen talentos y han sido llamados a servir. Tales dones no solo deben ser descubiertos, sino desarrollados y aplicados. La iglesia es responsable de facilitar el descubrimiento, el desarrollo, y la práctica de estos dones a través del ministerio de la enseñanza.

Finalmente, la iglesia enseña el servicio a Dios y a los demás. La adoración se realza cuando los creyentes tienen una mayor comprensión y aprecio del Dios a quien sirven. El servicio, como una expresión de la fe y de la confianza, emana de una mejor comprensión de la vida en Cristo y de una dinámica y progresiva relación con Dios, con otros creyentes, y con la sociedad.

El *propósito* de la instrucción es ayudar a los creyentes a cumplir la voluntad de Dios en la vida. ¿Pero cuál es esa voluntad para los creyentes? En la epístola a los Romanos, Pablo expresó las dos caras de la voluntad de Dios. En Romanos 12:2, la voluntad de Dios buena, agradable, y perfecta, es que los creyentes no se amolden a los patrones de este mundo, sino que sean renovados y *transformados*. En Romanos 8:29, Pablo explica que los creyentes han sido predestinados a *conformarse* a la imagen del Hijo de Dios. La voluntad de Dios es que el creyente sea como Cristo —no meras imitaciones, sino reproducciones fieles de su carácter, de su amor, y de su actitud.

Los *métodos* que emplea la iglesia para enseñar, además de comunicar eficazmente el conocimiento, la perspectiva, y los principios bíblicos, deben también ayudar a los creyentes a cumplir la voluntad de Dios en su vida. Este tipo de enseñanza tiene como fin en todo nivel envolver y desafiar a los creyentes en su vida emocional y espiritual, su conducta, su comprensión, y sus relaciones. Emplea métodos dinámicos de aprendizaje en un proceso de elevada participación.

Evangelismo

En respuesta a la Gran Comisión de ir y hacer discípulos a todas las naciones, la Iglesia ha alcanzado a quienes no conocen a Cristo o a quienes aún no han creído en Él.

¿Qué debe hacer la iglesia para cumplir el mandato de Cristo de alcanzar al mundo? Primero, debe comunicar adecuadamente la necesidad de ir a quienes viven sin Cristo. A simple vista podemos ver la necesidad en la desesperada y arruinada vida de quienes están atrapados en el abismo del pecado. Podemos comunicar la necesidad de quienes viven en tierras remotas, que son devotos de religiones extrañas, y que participan de prácticas aberrantes para nuestra cultura. Además, fácilmente podemos ver la necesidad del pobre, del perdido, del adicto, o del seguidor de una secta. Sin embargo, no es tan fácil ver la condición de personas influyentes, bien preparadas, y bien vestidas. La Biblia empero es clara: hay solo dos tipos de personas en el mundo, creyentes e inconversos. Hay solo dos destinos: cielo e infierno. Hay solo dos caminos: uno que lleva al cielo, el otro al castigo eterno. Hay solo una puerta a la presencia de Dios y solo Uno que nos da vida eterna: Cristo.

El sello característico de tal iglesia es *visión, pasión, valor, sacrificio,* y *capacidad.*

La *visión* del creyente juega un papel importante en su testimonio. ¿Cómo ve a quienes no han tenido un encuentro con Cristo? Algunos consideran el carácter irreprochable de algunos inconversos o los altos valores y no ven necesidad de que acepten al Señor. Otros ven el pecado y piensan que no hay esperanza. Pero el testigo eficaz ve la necesidad y la esperanza que emana de la mano misericordiosa de Dios.

Los creyentes deben ser *fervientes* en su amor a Dios y deben tener compasión hacia los perdidos. Solo el amor de Dios y el amor a Él pueden verdaderamente motivar a los creyentes a alcanzar al mundo con el mensaje del evangelio.

El evangelio requiere *valor* y *sacrificio.* Para ser un fiel testigo es necesario denuedo para hablar cuando la respuesta al mensaje puede ser persecución y sufrimiento. La disposición al sacrificio es el segundo rasgo de un testigo fiel. La proclamación de la fe siempre tendrá un costo, por lo tanto, el creyente debe ser valiente.

Pero el fervor y el valor se realzan cuando van acompañados de *capacidad.* El creyente que verdaderamente entiende su fe, la articula con claridad, y habla de la fuente de su propia vida y experiencia es el testigo más poderoso. Tal creyente sabe que su vida no es solo palabras, sino su testimonio. Por eso, desarrolla una vida cristiana en que el testimonio es la confirmación de las palabras.

Finalmente, tal creyente entiende que el evangelismo no es sólo un producto, sino un proceso. Se muestra dispuesto a establecer una relación cercana con inconversos. Entiende que, en cierto sentido, el evangelismo es un discipulado previo a la conversión y está dispuesto a realizar la tarea. Sabe que "quien aun no es creyente" se sentirá atraído a Cristo por la interacción y las experiencias positivas, y que el peregrinaje a la fe puede durar largo tiempo.

Asimilación

No solo se debe alcanzar y tocar a los nuevos creyentes y a los visitantes, sino que se los debe acoger en la familia de la iglesia. Si la iglesia no se convierte en "la iglesia de ellos", finalmente y de manera definitiva se alejarán de ella. La *asimilación* es un proceso deliberado que comienza con un *toque personal* de bienvenida y aceptación. Los visitantes necesitan familiarizarse con las personas y que se los conozca con el fin de que desarrollen relaciones positivas. Esto sucede solo en la interacción cara a cara. Además, la asimilación significa que la persona *encuentra su lugar* en el cuerpo. Una etapa importante del proceso es sentirse necesario y parte del cuerpo. Y finalmente, se debe *hacer provisión* para estos nuevos creyentes. La iglesia cuida de los suyos. Pertenecer a la familia de Dios significa que la iglesia y sus afiliados están dispuestos a proveer la atención, el respaldo, y la ayuda que se necesita. Si la iglesia no alcanza al inconverso y fracasa en su misión de proveer para las necesidades, los inconversos o las visitas tienen todo derecho de concluir, que a pesar de todas las palabras, ellos no son parte del cuerpo.

La asimilación efectiva requiere varios pasos prácticos. Alguien debe hacerse responsable de que los visitantes vivan una buena transición al cuerpo de Cristo. Todos los creyentes deben interesarse en los nuevos en la fe; sin embargo, lo que debe ser el interés de muchos es también la despreocupación de todos. La asimilación requiere que se mantengan buenos registros. Sin comunicación y otra importante información, la asimilación será un caos. La asimilación demanda tiempo y constante esfuerzo. Otro importante paso es procurar que los nuevos encuentren una tarea significativa que desempeñar en la iglesia.

Cuidado

La primera crisis que enfrentaron los apóstoles después del día de Pentecostés no fue la persecución externa, sino la disensión interna. Dos sucesos amenazaron la existencia misma de la joven iglesia. El primero fue un conflicto de carácter en las personas de Ananías y Safira (Hechos 5). El segundo fue un problema de atención (Hechos 6). Una disputa acerca de la distribución de ayuda y respaldo a las viudas se convirtió en un problema de discriminación racial. Obviamente la iglesia siempre había sido un lugar en que se consideraban las necesidades y las preocupaciones de sus miembros.

La satisfacción de las necesidades es una de las señales características de la iglesia efectiva. Las personas tienen una variedad de necesidades de carácter físico o material, social, emocional, y espiritual. La iglesia debe preocuparse de satisfacer las necesidades físicas, pero la atención no debe limitarse solo a este aspecto de la persona. La gente necesita sentirse valorada e importante. Necesitan que se los reconozca, se les dé la bienvenida, se los acepte, y se los considere. Necesitan participar en significativas labores de ministerio y encontrar realización y propósito para la vida.. Necesitan el amor, la compasión, y el respaldo de una familia que tiene una perspectiva como la suya y que manifiesta un interés genuino.

La preocupación de la iglesia por los suyos y por la comunidad se manifiesta claramente en tiempos de crisis. Enfermedad, necesidad financiera, u otras crisis personales son oportunidades de que la iglesia y sus fieles muestren un genuino interés. Los creyentes debemos recordar que "los pequeños" que Jesús dijo que debíamos servir son quienes tienen hambre, quienes no tienen ropas para abrigarse, los enfermos y los presos. El pobre y el que siente que no tiene esperanza escuchará el mensaje con alegría.

Hay dos niveles en que se debe manifestar la atención en la iglesia. Primero, los creyentes deben sentir el deber de hacer todo lo posible para satisfacer las necesidades a su alrededor. Segundo, la iglesia debe atender las necesidades de manera organizada y colectiva, como los apóstoles se organizaron para distribuir la ayuda a las viudas menesterosas. Se estableció un sistema, se designó un liderazgo responsable, y se reunió los recursos necesarios. Se desarrolló un plan y se procuró obrar según él.

En conclusión, a la gente no le importa cuánto sabemos, sino cuánto nos interesamos.

Comunidad

La iglesia debe ser una verdadera comunidad, una gran familia en que los lazos de amor y lealtad están cimentados en el poder de la gracia. El desarrollo de una verdadera comunidad es una extensión del proceso que comienza con la conversión y la asimilación. Hay cinco componentes que caracterizan a la familia: *identidad, inclusión, participación, importancia,* e *indivisibilidad.*

La familia se caracteriza por una *identidad* común. Las familias comparten legado, historia, amor, propósito, perspectiva, y ufanía. En resumidas cuentas, la identidad familiar es la fuente de la definición del individuo. Es la manera en que nos vemos a nosotros mismos, en que entendemos nuestra vida, nuestro propósito, y a los demás. Significa que cierto grupo de personas nos ha elegido y que nosotros los hemos elegido a ellos. Segundo, familia significa que somos *incluidos* en la vida de otros y en la vida de los componentes de un hogar. El miembro de una familia no es el que observa desde el exterior, sino el que ocupa "un puesto en la mesa". El convertirse en parte de una familia es la transición de "ellos" a "nosotros". En tercer lugar, familia también implica *participación,* una función importante que establece nuestra posición en la familia y que contribuye a su vida y a su salud. Cuarto, la familia nos hace sentir *importantes* y valorados como miembros de la comunidad. Todos son importantes. Y finalmente, la familia implica que se es *indivisible.* Los lazos de la verdadera familia nunca se cortan.

Posiblemente habrá disgustos, desacuerdos y desencantos, pero los lazos de amor, gracia y lealtad no se pueden romper.

La verdadera unidad y comunidad no ocurren ni se manifiestan por mera casualidad. Son producto de la voluntad y del esfuerzo. El fundamento de la familia de Dios no es el pensamiento ilusorio, sino la sabiduría. En vez de ambición, requiere sacrificio.

Vida espiritual y vitalidad

La realidad fundamental del evangelio es la vitalidad de la vida espiritual y la transformación por el poder y la presencia de Dios a través de la obra de su Espíritu Santo. Sin la verdadera vida espiritual, la adoración es solo liturgia y la educación cristiana solo instrucción religiosa. Si la conversión deja de ser el encuentro milagroso en que el individuo pasa de muerte a vida, se convertirá en una simple aceptación intelectual de credos humanos. El servicio cristiano y el ministerio se reducen a mera caridad y buenas obras. Las oraciones se convierten en otro ejercicio religioso que se practica por el beneficio que reporta a la persona pero que están desprovistas de verdadero poder.

La vida espiritual más que enseñarla la practicamos. Proviene de un encuentro real y personal con el Dios vivo. No es lo mismo conocer a Dios que conocer acerca de Él. Cuando abren su vida al Espíritu Santo a través del arrepentimiento, de la oración, la adoración, y el estudio de la Palabra, los creyentes experimentan la poderosa y transformadora presencia de Dios. Fuimos creados para tener una vital comunión espiritual con Dios. Ésta se perdió en el huerto del Edén pero Cristo murió para restaurarla.

La vida espiritual y la vitalidad se desvanecen si no se renuevan. Después de su encuentro con Dios, Moisés irradiaba la presencia del Señor. Su rostro resplandecía. Para no atemorizar a la gente, Moisés se cubrió la cara con un velo. Cada vez que tenía un encuentro con Dios, Moisés se quitaba el velo y su rostro volvía a resplandecer. Sin embargo detrás del velo la gloria se desvanecía (Éxodo 34:29-35; 2 Corintios 3:12-18). Pablo registra una interesante información: Aun cuando la gloria se desvaneció,

Moisés usó el velo. La gloria interna ya no estaba presente, y la cubierta externa permanecía.

Un encuentro con Dios inevitablemente producirá cambios externos. Pero la triste historia de la iglesia y de muchos creyentes es que después que la realidad del encuentro con Dios se ha desvanecido, se mantienen las apariencias. Estas manifestaciones externas de la vida espiritual se convierten en reglas farisaicas y legalistas desprovistas de verdadera vida espiritual. Se convierten en la letra muerta de la ley.

La continua renovación del poder y la presencia del Espíritu Santo en la vida del creyente es esencial para la vida cristiana saludable. Pero el creyente debe también desarrollar las disciplinas de la vida espiritual, como el ayuno, la oración, y el constante estudio de la Palabra. No se puede menospreciar ni subestimar el valor del aliento, el desafío, y el respaldo que otros nos dan en nuestra tarea de alcanzar la vitalidad espiritual. Este es un desafío espiritual que se enfrenta de mejor manera en el contexto de un cuerpo de creyentes que se interesa en el bienestar de sus miembros.

Acción cristiana

La Iglesia siempre ha sido, siempre será, y siempre debe ser una fuerza agresiva que transforma el mundo. Esa fue la voluntad de Dios en su determinación de traer reconciliación al mundo moribundo y perdido que tanto ama. Este hecho provocó la ira contra la Iglesia de los déspotas, los dictadores, y los demagogos, porque con toda razón entendieron que la Iglesia y su mensaje eran una amenaza contra sus sueños de dominio.

La Iglesia históricamente ha respondido en tres maneras, que son evidentes en la vida de Moisés. Durante sus primeros cuarenta años, Moisés fue *absorbido* por la cultura egipcia. No había diferencia entre él y los egipcios de su tiempo. Algunas iglesias han sido absorbidas por la cultura y no se pueden distinguir porque se han vuelto invisibles. En vez de transformar al mundo, han sido transformadas por su mundo. Pero este no es el plan de Dios para su Iglesia o para los creyentes.

Durante el segundo período de cuarenta años de su vida, Moisés rechazó la cultura egipcia. Pastoreó la ovejas de Jetro en un lugar del desierto. Durante siglos algunos creyentes han determinado que el aislamiento es la manera adecuada de responder al mundo. Los santos del pilar levantaron torres y los monjes edificaron monasterios. Muchos rechazan el mundo que los rodea y se apartan de él a través de la vida y la comunión en la iglesia. Hacen todo lo que pueden para apartarse del mundo. Interpretan de manera literal y extrema la advertencia de Pablo a los corintios: "Salid de en medio de ellos, y apartaos, dice el Señor" (2 Corintios 6:17). Estos no transforman el mundo. Ven el mundo y sus perspectivas como extrañas e incomprensibles. Uno menosprecia al otro, y recorren diferentes caminos. Pero el plan de Dios no es que nos ocultemos del mundo.

Durante la última etapa de su vida, Moisés regresó a Egipto e *interactuó* con la cultura. Trajo consigo la Palabra de Dios, proclamó su voluntad, y demostró que el poder del Señor obra milagros. Él comprometió a la cultura, y ésta vivió un cambio permanente.

La Iglesia no debe sucumbir ante el mundo ni debe huir o esconderse. Por el contrario, debe declarar la Palabra de Dios, llevar a cabo su voluntad, y depender de su poder que obra milagros. La Iglesia debe cumplir su misión: predicar el mensaje de buenas nuevas a los pobres, proclamar libertad a los prisioneros y vista a los ciegos, dar libertad a los oprimidos, y anunciar el año agradable del Señor (Lucas 4:18,19).

La razón de ser de la iglesia no es únicamente ser ella misma diferente, sino hacer el mundo diferente.

Equipar para el ministerio

El ministerio es una carga extraordinaria. Es la más grande obligación y también el mayor privilegio que pueden tener los creyentes. Dios milagrosamente dota a sus hijos para que participen con Él en el cumplimiento de su propósito eterno en el mundo. No hay llamado más sublime ni mayor honor que el de servir a Dios, su Iglesia, su pueblo, y sus propósitos en el mundo.

No obstante, como mayordomos de sus dones, los receptores son responsables del uso que les dan (1 Pedro 4:10). Por tanto, no hay responsabilidad ni obligación mayores que emplear los dones, los talentos, y la vida en la causa de Cristo.

La meta de la iglesia debe ser el ministerio de "todo miembro". Si bien es cierto que no todos los creyentes son llamados al ministerio vocacional, todos sí son llamados al ministerio. Todo creyente tiene una importante función que cumplir en el cuerpo de Cristo. Cuando Dios llama, Él también capacita. Él de manera sobrenatural distribuye los dones del Espíritu a sus seguidores a fin de capacitarlos para el servicio. Cuando los dones y los ministerios difieren, los creyentes deben usar sus dones en armonía con los demás y bajo el señorío de Cristo. Dios dota al cuerpo con todo lo que necesita para que desempeñe un ministerio saludable y redentor.

Con tristeza debemos reconocer que los creyentes piensan que el ministerio es "para otros". La mayoría no creen que tienen un llamado o que han sido dotados para el servicio. Piensan que nada tienen para ofrecer al cuerpo de Cristo. La mayoría no sabe cuál es su llamado ni pueden identificar un área específica de ministerio. La mayoría están muy preocupados, muy ocupados en el trabajo, con la familia, y con los amigos como para invertir tiempo y energía en el cumplimiento del llamado de Dios al ministerio. Muchos no obran de manera que se satisfagan las necesidades del cuerpo o que contribuya a su bienestar. El resultado es una iglesia desvalida que lucha por cumplir su gran misión.

¿Por qué? Algunos creyentes no están conscientes de su llamado ni de sus dones. Otros ven el ministerio como una ocupación para la que la iglesia contrata un pastor. Otros han sido víctimas de agotamiento; debido a que en el pasado han tenido exceso de trabajo y se han sentido menospreciados, se niegan a caer en la trampa nuevamente. Sin embargo, otros nunca han tenido oportunidad de desarrollar sus dones y llamado porque los líderes de la iglesia no han hecho un esfuerzo constante o consciente de prepararlos para el ministerio.

Algunos líderes de la iglesia no tienen la capacidad para enseñar y preparar. Otros se sienten amenazados ante los laicos preparados y con la motivación de trabajar. Les preocupa la posibilidad de perder su puesto si los miembros de la iglesia se preparan para el servicio. Algunos sufren de perfeccionismo y no confían en la eficiencia de otros para desarrollar el trabajo. Algunos sencillamente no entienden su función como quien prepara a otros para el servicio (Efesios 4:11,12). Las razones son muchas y variadas, pero el resultado siempre es el mismo: fracaso.

Grandes cosas pueden suceder cuando los líderes de la iglesia invierten en sus miembros y los ayudan a desarrollar sus dones y llamado. Cuando el pueblo está preparado para el servicio y comprometido con el ministerio fluirán fortaleza (Efesios 4:12), unidad (4:13), madurez (4:13), estabilidad (4:14), desarrollo y crecimiento (4:15), y salud (4:16).

El equipamiento para el ministerio es la adecuada responsabilidad de apóstoles, profetas, evangelistas, pastores, y maestros (Efesios 4:11,12); sin embargo, estos no son responsables de lo que los creyentes hacen con sus dones. Cada creyentes es responsable de responder al llamado de Dios y de usar en el ministerio los dones que ha recibido. No obstante, los líderes son responsables de responder al llamado de Dios, dar oportunidad de que otros desarrollen sus dones, invertir en otros, y ayudar a los creyentes a invertir su vida en un ministerio significativo.

La mayor vulnerabilidad de la iglesia es la falta de hombres y mujeres llamados, dotados, y equipados que ocupen su lugar en el ministerio y que sirvan con gozo y excelencia. También es prueba del mayor fracaso del liderazgo.

La piedra angular

La piedra angular es una maravilla de la arquitectura y el elemento más importante en un arco. Para construir un arco, las piedras se apilaban verticalmente a cada lado de la abertura. Se construía una estructura para sostener las piedras que formaban la curva del arco. En la parte superior del arco, se ponía una piedra cuidadosamente labrada en forma de cuña. Si todo marchaba según lo planeado, el peso de la piedra angular creaba la presión necesaria en la piedras de más abajo para mantenerlas juntas y en su lugar. En esa etapa se quitaba el soporte del arco. Lo que había sido un montón de piedras se había convertido en un arco capaz de soportar mucho peso.[1] Estos arcos han estado en pie por siglos sin argamasa, refuerzos de acero, ni nada que los afirme, excepto la fuerza de gravedad y la piedra angular.

Los líderes de la iglesia reconocen la importancia de los bloques que se emplean para edificar el ministerio efectivo. Algunos los organizan por orden de prioridad. Otros procuran hacerlos calzar como en un rompecabezas. Pero finalmente reconocen que en realidad se necesita una piedra angular. Algo tiene que estar en su lugar para que todo funcione como una estructura sólida y cohesionada. La escuela dominical puede ser esa piedra angular. Volvamos a examinar los elementos fundamentales.

Instrucción

La escuela dominical es un lugar de instrucción. Como experiencia de pequeño grupo organizado según la edad, la escuela dominical ofrece el ambiente ideal para enseñar a los creyentes conforme su desarrollo físico, emocional, social, y espiritual. La escuela dominical es el ambiente de aprendizaje ideal si cuenta con maestros que han sido debidamente preparados, con materiales de enseñanza adecuados, salones, equipo, y otros recursos necesarios, si se respeta la proporción de alumnos por maestro y se emplean metodologías que estimulan el aprendizaje activo. Sin embargo, normalmente la escuela dominical es una muy buena idea muy mal implementada.

Evangelismo

La escuela dominical puede ser una estrategia de evangelismo y asimilación altamente efectiva e integrada. Es el perfecto lugar para infundir pasión por los perdidos y equipar a los creyentes con las habilidades necesarias para comunicar eficazmente el mensaje del evangelio. Es un lugar donde los creyentes pueden orar juntos por sus familiares que no conocen a Cristo o por sus propias necesidades.

La clase de escuela dominical es un lugar ideal para exponer a los "buscadores" al evangelio y a la iglesia. Muchos que nunca vendrían a un servicio de adoración, sí lo harían a una clase de escuela dominical que satisficiera sus necesidades. Es posible que otros asistan a actividades patrocinadas por la escuela dominical. Los padres, también aquellos que no son creyentes, quieren que sus hijos tengan una sólida educación moral y religiosa. Otros asistirán para pasar tiempo con la familia o los amigos.

A través de la escuela dominical, la iglesia puede crear registros de personas inconversas con el fin de mantener comunicación con ellas y alcanzarlas para Cristo. Los miembros de las clases pueden desarrollar amistades dentro y fuera del salón que motiven a los no creyentes a acercarse a Cristo.

Finalmente, la iglesia tiene un ejército de "evangelistas". Los maestros de escuela dominical, los líderes, y los alumnos pueden ser preparados y organizados. La extensión del ministerio de la escuela dominical es que sea una base estratégica para el seguimiento y la evangelización de los inconversos.

Asimilación, cuidado, y comunidad

La escuela dominical tiene los elementos necesarios para asimilar efectivamente a los visitantes, proveer ministerio y cuidado, y fomentar la unidad y comunidad. Los visitantes se sentirán bienvenidos porque la escuela dominical es un ministerio de pequeño grupo organizado según edad. Tendrán más posibilidad de conocer e iniciar una amistad con personas de su edad y que tal vez tengan experiencias similares. Es posible que haya personas que asistan regularmente a los servicios de adoración y que sean nada más que un rostro en la multitud, que nunca se han sentido parte del grupo. Como pequeño grupo, la clase de escuela dominical nota cuando alguien no está presente o está en necesidad y tiene más posibilidad de hacer algo para satisfacer esa necesidad.

Debido a que la escuela dominical mantiene registros e información que permite contactar a las personas, los visitantes y las personas mayores no son postergados ni olvidados. El seguimiento de los nuevos creyentes y de los miembros que se ausentan es un aspecto importante del ministerio de la escuela dominical. Pero ésta también debe hacer participar a otros y comprometerlos en este vital ministerio. La meta es desarrollar un cuerpo de creyentes que tengan conciencia de los visitantes y que se preocupen de las necesidades, los sufrimientos, y las preocupaciones de sus antiguos amigos.

La escuela dominical es el lugar en que se puede fortalecer la unidad y la identidad. La escuela dominical desarrolla una comprensión compartida y un sentido de visión y también de propósito común.

Vida espiritual y vitalidad

La escuela dominical es el ambiente ideal para desarrollar y mantener la vitalidad espiritual. Es el lugar donde los creyentes pueden descubrir más acerca de Dios. Puede ser un laboratorio del Espíritu Santo en que la gente experimenta su poder y su presencia al orar, aprender, y crecer en unidad. Los alumnos pueden desarrollar amistades confiables con quienes pueden compartir sus triunfos y conflictos espirituales. Estos son los amigos que notan cuando un creyente está en necesidad y que le tienden la mano con tierna compasión.

Acción cristiana

La clase de escuela dominical es el ambiente ideal para informar, motivar, organizar, y llevar a cabo el ministerio en el mundo. Conforme los alumnos aplican la fe, también exploran la enseñanza bíblica, reflejan su propio andar en la fe, y son desafiados a crecer.

La clase de escuela dominical puede abarcar un gran número de necesidades, desde asuntos que tienen que ver con la justicia social a las necesidades individuales de gente que sufre. Hay muchas maneras en que la clase de escuela dominical puede servir en el ministerio práctico: colaborar con el centro para mujeres embarazadas y en situación crítica; ayudar a edificar casas de Habitat for Humanity (organización de ayuda a la comunidad que construye casas para gente de escasos recursos); establecer una despensa para los necesitados; visitar las cárceles o los hogares de ancianos; o colaborar con las escuelas de la comunidad por ofrecer actividades extraescolares para los niños y tutoría a los que tienen problemas con el estudio. La lista podría continuar porque hay muchas otras necesidades que satisfacer.

Preparación para el ministerio

Finalmente, la escuela dominical ofrece un formato ideal para el adiestramiento ministerial. Además de las clases que normalmente se dictan , se puede ofrecer cursos acerca de habilidades específicas para el ministerio. Los creyentes pueden adquirir habilidades prácticas para el ministerio mientras colaboran con aquellos que ya están activos. Estas habilidades transferibles finalmente beneficiarán los demás ministerios de la iglesia. La gente debe ser fiel en las tareas básicas antes de que se les delegue responsabilidades mayores. Tal participación los hará crecer bajo el alero de maestros y obreros más experimentados que los pueden guiar y respaldar en su desarrollo.

Reflexiones finales

Los líderes de la iglesia han reconocido el valor de estos bloques para la edificación del ministerio. Lo que muchas iglesias no han hecho es buscar la manera de integrarlos y organizarlos para aprovechar al máximo su potencial. Debido a que la escuela dominical siempre ha sido un vehículo para la instrucción, no se ha considerado sus grandes posibilidades en otras áreas. Los líderes de la iglesia deben ver la escuela dominical como un medio de organizar los recursos y equipar a los creyentes para satisfacer las necesidades.

Nota

[1]*World Book Encyclopedia,* 1957 ed., s.v. "arch" [Enciclopedia mundial, "arco"]

La escuela dominical y la iglesia local

3

Parábola del diácono problema

Había un pastor que amaba a Dios y a la gente, y disfrutaba la adoración al Señor. Todos los domingos dirigía a la congregación en momentos de ferviente y devota adoración llena del Espíritu y predicaba extraordinarios sermones. Los miembros de su congregación apreciaban su ministerio y pensaban que asistían a la mejor iglesia. La gente del pueblo también pensaba que eran verdaderamente dichosos de tener en la comunidad un pastor como aquel y una maravillosa iglesia.

Un hermoso día de primavera, uno de los diáconos visitó al pastor.

"Pastor", dijo el hombre, "usted sabe cuánto lo amamos y apreciamos su ministerio. Usted es el mejor ministro. Todos estamos muy satisfechos con los servicios de adoración y su predicación; sin embargo, hay un problema."

"¿Un problema?", preguntó sorprendido el pastor. A diferencia de otros que el pastor había conocido, este diácono siempre manifestó una actitud positiva y de respaldo.

"Sí, pastor, tenemos un problema. Los servicios de adoración

49

son siempre extraordinarios y la predicación interesante, pero nunca tenemos tiempo de conocernos. Algunos sienten que la iglesia no es una familia, sino una reunión de desconocidos. Estaba pensando que tal vez la gente podría conocerse mejor si nos reunimos en pequeños grupos. Es posible que si lo hacemos podamos tener un ambiente de familia."

El pastor, como era una hombre sabio y sensible, reconoció que el diácono tenía razón y escuchó su consejo. Así fue que la iglesia se organizó en pequeños grupos. Todo resultó bien.

Una calurosa tarde de verano, en que el pastor se sintió feliz de que la iglesia hubiera invertido en un sistema de aire acondicionado, el diácono lo visito por segunda vez.

"Pastor", dijo el diácono, "los servicios están mejor que nunca. Los pequeños grupos marchan de lo mejor. La gente ha comenzado a sentirse en familia. Creo que hemos mejorado en la adoración, ¿verdad? Pero ..." (El diácono hizo una pausa y se miró los zapatos.)

Prepárate para lo que viene, pensó el pastor. "Pero ... ¿qué?", replicó el ministro.

"Bueno, pastor, lamento hacerlo, pero tenemos otro problema. A la gente le gusta reunirse en pequeños grupos, pero también quisieran reunirse con gente de su edad. Los adultos quieren pasar tiempo con otros adultos sin tener que vigilar a los hijos. Los niños se cansan de la charla de los adultos y quieren pasar tiempo con chicos de su edad. Y los adolescentes ... bueno, usted sabe cómo son. Así que he pensado que tal vez sería buena idea organizar grupos según edad. Podrían reunirse a la misma hora y tal vez en el mismo lugar. Podríamos pedir a algunos adultos que dirijan los grupos de los niños. Yo creo que nos ayudaría hacer algo así, ¿no cree usted?"

Considerando que era padre de dos adolescentes, el pastor entendió de inmediato la observación del diácono. Y así fue como se organizaron grupos de niños, adolescentes, y adultos. Y todo resultó muy bien.

Las hojas de los árboles cambiaron de color y en el aire se comenzó a respirar la gélida brisa del invierno, cuando el diácono visitó por tercera vez al pastor.

"Pastor", dijo el diácono, "la adoración es extraordinaria y los nuevos grupos están creciendo. La suya fue una muy buena idea. Pero ..." (Nuevamente el hombre hizo una pausa y se miró los zapatos. La situación se estaba convirtiendo en un hábito.)

"¿Otro problema?", interrumpió el pastor.

"Bueno..., sí. ¿Cómo lo supo?"

"Simple corazonada. ¿Qué sucede ahora?"

"Cuando nos reunimos, a la gente le gusta hablar de su fe. A veces tienen preguntas que no podemos responder y algunos dicen cosas que no son correctas. Y los niños, pastor, no saben mucho. Pero no quisiera que me malinterpretara. Sus sermones son muy buenos. Pero tal vez sería bueno enseñar a la gente cómo estudiar la Biblia y tener maestros que puedan explicarla y responder preguntas. En nuestros grupos podemos dedicar tiempo a estudiar la Biblia. Muchos de los líderes serían muy buenos maestros."

Ahora era turno del pastor para una prolongada pausa. (A sus zapatos les hacía falta brillo.) Por más que pensó se dio cuenta de que nunca en sus sermones podría comunicar todo lo que las personas en su iglesia necesitaban saber. Y así fue como se reclutó nuevos maestros, se los preparó, y también se seleccionó material para la enseñanza. Además de la camaradería y el desarrollo de relaciones, los grupos comenzaron a estudiar la Palabra de Dios. Y hubo muy buenos resultados.

Cuando el diácono lo visitó por cuarta vez, el paisaje estaba cubierto de nieve. El pastor lo recibió en la puerta, tomó el abrigo de éste, lo invitó a su oficina, y le ofreció una taza de chocolate caliente. Desde el otro lado de su escritorio, miró con curiosidad a su visitante.

"Pastor", comenzó el diácono,"tal vez se pregunta por qué estoy aquí."

"No, realmente", dijo el pastor.

"Bueno..., todo marcha tan bien que me siento mal de hablar de este tema."

"Pero nada lo detendrá, ¿verdad?"

"No, pastor. Como usted se habrá dado cuenta, a veces hay personas que faltan a sus reuniones de grupo. Algunos porque están enfermos u otro problema. Otros, porque han sido ofendidos, se han ido y no han vuelto. Lo que más me preocupa es que algunos tienen conflictos en su andar con el Señor y se alejan. Los demás miembros de los grupos no siempre se preocupan de saber qué pasa con los que faltan. Y éstos creen que nadie se preocupa por ellos."

"¡Qué terrible!", comentó el pastor.

"Hay algo más, pastor. A veces tenemos visitantes en nuestros grupos. Algunos son inconversos. La gente de nuestra iglesia muchas veces se siente incómoda y ni siquiera saben qué decir o cómo hacerlos sentir en casa. Los recién llegados no se sienten acogidos y no vuelven. Algunos se van ofendidos. Muchos han dejado de invitar a sus amigos porque sienten que no se les da una buena acogida. Pienso que tenemos un gran problema."

"Ya veo", dijo el pastor. "Pero estoy seguro de que usted tiene sugerencias."

El diácono se sintió desconcertado con la respuesta del pastor, pero respiró profundo y prosiguió.

"Pienso, que podríamos tener una lista de los componentes de cada grupo: nombre, dirección, dirección de correo electrónico, y número de teléfono. Así, podríamos ser más efectivos en nuestra misión de cuidar de ellos. Si obtenemos esa información de los visitantes, podremos llamarlos para decirles que nos alegró verlos en la iglesia. Estoy seguro que en los grupos hay gente que estará dispuesta a ayudar con estas llamadas. No queríamos hacer nada sin antes informarlo."

Y así fue como se hicieron registros. Los líderes de grupos pidieron a algunos que se comunicaran con los que habían faltado y que visitaran a los nuevos en el grupo. Los grupos comenzaron a preocuparse cuando sus miembros faltaban por enfermedad o problemas. Los nuevos agradecieron el interés de los miembros del grupo y volvieron a las reuniones. Pronto, unos cuantos comenzaron a asistir a la iglesia el domingo. Muchos vinieron a Cristo y se integraron a los grupos. Todo era muy bueno.

La siguiente vez que el diácono visitó al pastor, el pastor miró por la ventana de su oficina y lo vio entrar en su automóvil al estacionamiento de la iglesia. El diacono abrió su paraguas y comenzar a saltar los charcos de agua de lluvia. El pastor se sintió tentado a salir, tenía pendientes algunas visitas al hospital. Después de pensar unos segundos, decidió que sería mejor ir al santuario a orar y pedir a Dios paciencia.

Con nerviosismo, el diácono esperó en la oficina del pastor.

"No me diga que está aquí para decirme que tenemos otro problema."

"Me temo que sí", dijo el hombre. "Los grupos están creciendo y nos falta espacio. Muchas personas tienen problemas de horario con la escuela y el trabajo. Los recursos para el funcionamiento de los grupos también se está convirtiendo en un problema. El comité de finanzas se ha comenzado a preocupar. No estamos administrando bien lo que tenemos.

"¿Me quiere decir que debemos dejar de tener los grupos?"

"No, pastor", respondió. "Pienso que sería un error interrumpirlos. Pensaba que podríamos hacer algunos cambios para hacerlos más efectivos."

"¿Qué cambios tiene en mente?", preguntó el pastor.

"Pensamos que se podría mover los grupos a la iglesia. Tenemos espacio, y sería más conveniente. Tal vez nos podríamos reunir todos al mismo tiempo."

"Sí, ya veo que la reunión en la iglesia podría ser más conveniente para todos. Pero, ¿cuándo piensa que podríamos tener esta reunión?"

"Aunque usted no lo crea, pensamos que puede ser el domingo, una hora antes del servicio de adoración. El domingo casi no hay conflictos de horario y la gente acostumbra venir a la iglesia. Creo que es mejor que cualquier otro día."

El pastor se acomodó en su silla y contempló el techo. (El diácono estaba ansioso y le intrigaba lo que el pastor veía en el cielo raso.)

Finalmente, respondió. "Me gusta la idea, hagámoslo. ¿Cree que debe ponerle un nombre? Si lo hacemos, la gente sabrá que están asistiendo a un grupo de estudio bíblico donde pueden tener comunión con personas de su edad ... un grupo que les da la bienvenida y se preocupa de conocerlos ... un grupo en el que se sentirán como en casa ... un grupo que alcanzará a otros y los ayudará a conocer a Cristo y a integrarse a la comunión de los creyentes .. un grupo que los ayudará a crecer en la relación con el Señor y a ser más semejante a Él ... un grupo que los ayudará a aplicar las verdades de la Biblia a la vida diaria ... un grupo que los ayudará a aprender a ministrar y a servir a otros."

"¿Un nombre?", se preguntó el diácono, ahora fue su turno de contemplar el cielo de la habitación. "No sé, pastor; ¿qué cree usted?"

"Bueno ..., ¿qué tal si la llamamos 'escuela dominical'? 'Dominical' porque se reuniría el domingo, y 'escuela' porque en ella aprenderíamos a ser semejantes a Jesús."

"Escuela dominical", el diácono repitió la expresión como para acostumbrarse a ella. "Es un nombre extraño, pero me gusta".

Y la idea fue buena, muy buena.

Introducción: El gran debate de la forma y la función

En relación con el tema de la educación cristiana, muchos líderes de la iglesia se encuentran envueltos en el debate de "la forma y la función". Están de acuerdo con las funciones de la educación cristiana y del discipulado en la iglesia, pero consideran obsoleta y anticuada la forma de la escuela dominical.. La ven como una vieja herramienta que ya no se adecua a las necesidades y características de la iglesia y la sociedad actual.

Este rechazo da como resultado dos enfoques. Algunos abandonan la escuela dominical como un anticuado anacronismo y procuran crear otra manera de llevar a cabo la misma función. Otra respuesta es ver la escuela dominical como una herramienta útil pero insuficiente. Desarrollan otros ministerios para llenar el vacío que supuestamente no llena la escuela dominical. Finalmente, la iglesia desarrolla una variedad de ministerios para satisfacer una variedad de necesidades. Estos nuevos ministerios especializados tienen un alcance muy limitado y demandan una considerable inversión de tiempo, talento, y otros recursos.

Ambos enfoques tienen aspectos que preocupan. Los nuevos ministerios generalmente no se han probado y no cuentan con una historia de su efectividad. No hay seguridad de que una idea que funcionó en un lugar funcionará en otro. Ni tampoco hay prueba de que un ministerio que se ha diseñado para satisfacer una necesidad en un determinado contexto dará buen resultado en otro. Los nuevos ministerios generalmente no tienen el respaldo curricular y educativo esenciales para el buen éxito. Para un ministerio exitoso se requiere más que una buena idea.

La multiplicación de estas nuevas formas genera una gran demanda de personas, finanzas, espacio, equipo y otras herramientas que se necesita para el buen éxito. Muchas veces se abusa de los recursos de la iglesia. Aunque ofrece una amplia gama de ministerios, es probable que la iglesia no desempeñe ninguno de manera satisfactoria. Tienen cantidad, en vez de buena calidad. Los líderes deben invertir tiempo en el estudio, el desarrollo, y el mantenimiento de estos ministerios. Este tiempo y energía podría invertirse mejor en otra área.

La motivación para reemplazar la escuela dominical o suplirla con ministerios especializados generalmente se debe a que ésta ha fracasado al no producir los buenos resultados que se esperan. La lógica es simple y directa. Los líderes evalúan la escuela dominical y con todo derecho deciden que está en decadencia y que debe reemplazarse con algo más efectivo, o que debe suplir con otros ministerios. Concluyen que la escuela dominical se halla en decadencia porque es una forma de educación cristiana anticuada o defectuosa que ya no satisface necesidades.

Antes de llegar a una conclusión de si la escuela dominical es útil para la formación de discípulos en la iglesia, se deben notar unos cuantos detalles.

No puede haber "función" si no hay "forma". Nada se lleva a cabo si no hay una manera de hacerlo. La iglesia no puede hacer discípulos si no hay una manera de discipular; no puede alcanzar al mundo perdido y moribundo si no hay una forma de evangelizar. La iglesia nada puede hacer sin los elementos más fundamentales y comunes de la "forma": *estrategia, organización, implementación, y evaluación.*

Si una organización abandona una forma, arriesga perder la función. Si ya no se necesita la función, entonces no importa perder la forma. Por ejemplo, cuando la gente reemplazó el caballo con el automóvil, las ciudades tuvieron que desasirse de los postes para amarrar caballos y reemplazarlos por parquímetros. Pero si se valora la función y se abandona la forma, se debe crear otra forma e implementarse, si no se corre el riesgo de perder la forma. Los líderes siempre esperan que una nueva forma mejorará la función. El riesgo es que la nueva forma puede ser peor que la antigua. Eso sucedió cuando Coca-Cola introdujo una nueva forma de su producto, solo para descubrir que la gente prefería la "antigua Coke".

La función de la formación de discípulos es esencial para la vida y el ministerio de la iglesia. Para algunos la escuela dominical es como un poste, algo que ha perdido su utilidad. Sin embargo, es posible que las nuevas formas no sean mejores. En realidad, es posible que sean peores. La iglesia que abandona la escuela dominical en vez de mejorar su sistema de discipulado, puede perjudicarlo.

Hay una dinámica relación entre forma y función. Cuando se crea, una forma tiene como propósito llevar a cabo una cierta función. Pero una vez que se crea, una forma determina la función. Es posible que se diseñe una herramienta para realizar un cierto trabajo, pero es la calidad buena o mala del diseño lo que finalmente determina con qué perfección realizará el trabajo. Tanto el reloj de cuarzo como el reloj de sol han sido diseñados para que marquen la hora. Uno cumple su función mejor que el otro.

Las formas constantemente se deben refinar y mejorar. El diseño, el uso, y la modificación de una forma concurren en el continuo proceso de mejorar la calidad y el desempeño. Un diseño que permite esta clase de adaptación es finalmente más útil que otro que no lo permite. Los diseños conocidos por todos generalmente son mejores que los nuevos, porque se han mejorado los desperfectos.

Las escuela dominical se ha diseñado, probado, perfeccionado, y modificado durante casi doscientos años y en diversos medios. Aquella extensa experiencia ha elevado la buena calidad a un nivel tal como no posee casi ninguna otra forma innovadora. No han tenido una trayectoria suficientemente prolongada o el uso en una variedad de trasfondos.

Las formas realmente útiles deben ser efectivas y eficientes. Deben ser efectivas para satisfacer necesidades. Los esquís para la nieve tienen uso adecuado en la ladera de la montaña, pero no en el agua. Son eficientes porque desarrollan bien una cierta función. Una forma puede ser aceptable porque hace aquello a lo que se destina, pero carece de eficiencia. No es la herramienta para realizar el trabajo. Así también, una forma puede ser poco efectiva porque no satisface la necesidad, y a la vez eficiente porque realiza bien el trabajo. Lo ideal es una forma que sea tanto adecuada como eficiente. A través de su historia, la escuela dominical ha probado ser una herramienta tanto conveniente como eficiente en el proceso de discipulado.

Otro factor en el debate de la forma y de la función es quién las usa. Una herramienta bien diseñada en manos inexpertas no puede rendir todo su potencial. Una herramienta pobremente diseñada en manos de un hábil artesano puede exceder la calidad de su diseño. El virtuoso violinista puede hacer "cantar" al viejo violín. Pero un Stradivarius en las manos de un aficionado es simplemente un violín.

Muchas iglesias apenas tocan el violín con la escuela dominical y no exploran todo el potencial que hay en ella. No se hace un esfuerzo serio por invertir recursos, reclutar nuevos obreros, edificar la organización, o realizar el duro trabajo que significa levantar un ministerio exitoso. La escuela dominical no está pasada de moda, sólo ha perdido fuerza y necesita que la reanimemos.

Algunos modelos son tan específicos que no se pueden aplicar en otro contexto. *Algunos diseños son más flexibles y adaptables que otros.* Pueden usarse efectivamente en muchos contextos y maneras. El diseño de la escuela dominical es un eficaz y dinámico sistema de instrucción, y tiene la capacidad inherente de llevar a cabo otras funciones importantes para la vida de la iglesia. Esta capacidad incluye el establecimiento de conexiones y el sistema de cuidado, la asimilación de los visitantes, el entrenamiento de obreros, y el desarrollo de saludables lazos de amor en el cuerpo. Estos son los "derivados" naturales del diseño y de la efectiva implementación de una escuela dominical de buena calidad.

Una forma también debe interactuar con su entorno. Una herramienta perfectamente buena es inútil si se diseña para un contexto y no se puede aplicar en otro. También lo es si no puede adecuarse a los demás elementos de su entorno o no puede satisfacer las necesidades y demandas que enfrenta.

El 4 de abril de 1943, un avión norteamericano B24, conocido como "Lady Be Good [La buena dama]", desapareció después de despegar de su base en Soluch, Libia, en vuelo al norte a través del Mar Mediterráneo para bombardear la costa de Nápoles, en Italia. No se encontró rastro del avión ni de la tripulación, hasta que dieciséis años más tarde, a 440 millas [710 km] de Soluch en la soledad del desierto, se encontró los escombros. Cuando se examinó los despojos del avión, se descubrió que la tripulación estaba preparada con sus salvavidas de emergencia.[1] Lo que pudo ser efectivo y esencial para sobrevivir en el agua fue inútil en el desierto.

Algunas formas de ministerio no se adecúan al contexto. No concuerdan con él; no se adaptan. No pueden hacer por la iglesia lo que ésta verdaderamente necesita.

Finalmente, una forma efectiva tiene poder de perdurabilidad. Los diseños efectivos tienen como base principios saludables y establecen el debido fundamento. Hay centenares (tal vez miles) de diversas clases de cuchillos. Pero el diseño básico es el mismo. Cada uno sirve un propósito específico, pero todos tienen los mismos elementos básicos: una hoja, un borde afilado (o dos), un mango. El diseño básico no ha cambiado en milenios. La escuela dominical tiene extraordinarios principios y opera sobre sólidos principios educativos y espirituales. Por eso ha perdurado por tanto tiempo.

Cómo elegir una forma

¿Es aún la escuela dominical una manera efectiva y eficiente en que la iglesia puede cumplir su responsabilidad de hacer discípulos?

La mejor manera de responder a esta pregunta es examinar la forma y la función. ¿Qué debe hacer un ministerio que hace discípulos? ¿Puede la escuela dominical llevar a cabo esta labor?

Una forma de pensar en la función de formación de discípulos es volver a considerar los cuatro componentes esenciales de la iglesia (vea el capítulo 1) y formular las siguientes preguntas.

¿Puede la escuela dominical contribuir a la adoración?

¿Puede la escuela dominical ayudar a fomentar el sentido de comunidad?

¿Puede la escuela dominical facilitar el saludable desarrollo espiritual de los creyentes?

¿Puede la escuela dominical alcanzar a los perdidos?

Cuando se emplea adecuadamente, la escuela dominical ofrece todo lo que la iglesia necesita para ayudar a los creyentes a crecer en su amor a Dios y al prójimo, crecer espiritualmente, y ministrar a los perdidos. Se ha comprobado la efectividad de la escuela dominical. La experiencia de los cristianos a través de los años y en todas partes del mundo ha sido útil para refinar su diseño.

¿Pero qué sucede con la escuela dominical como medio de que las personas crezcan y se desarrollen como discípulos? La escuela dominical ofrece a la iglesia un *diseño efectivo y eficaz*. Se ha diseñado como un pequeño grupo de estudio bíblico y organizado según la edad y el desarrollo de los alumnos. Provee un estudio bíblico sistemático que guía a los creyentes a una mayor comprensión de Dios y de su propia vida espiritual, a sentir una carga por los perdidos, y a amar a la familia de Dios. La escuela dominical propicia las relaciones cercanas entre creyentes y provee un efectivo medio de realizar un seguimiento y atender a los visitantes y a los que faltan a la clase. Los pequeños grupos organizados según la edad de los participantes es el ambiente ideal para acoger y asimilar a los visitantes. Desde todas estas perspectivas la escuela dominical es un formidable diseño para hacer discípulos.

La escuela dominical ofrece *soluciones prácticas* a los desafíos del discipulado. Los fundamentos de la enseñanza efectiva y del ministerio que cambia vidas son inherentes al diseño de la escuela dominical. Se dispone de abundante material y excelente material de buena calidad, preparado para cada edad, etapa del desarrollo, e interés. Estos materiales permiten que los maestros y líderes de la iglesia aprovechen los dones, los talentos, y la capacidad de personas creativas que diseñan, escriben, ilustran, y producen el currículo.

Además se dispone de abundante material de entrenamiento; dinámicos programas que ayudan a maestros y a obreros a desarrollar su ministerio. Estos materiales de entrenamiento de alta calidad presentan metodologías de enseñanza, métodos para el manejo del salón de clase, para las necesidades de los alumnos, y una amplia gama de otros asuntos similares. También al servicio del maestro hay un equipo de personas que se han especializado en cada área.

La cultura de hoy todavía observa el domingo como el día de adoración, por lo tanto la escuela dominical no tiene conflicto con horarios de escuela ni de trabajo. La escuela dominical fue diseñada hace doscientos años para aprovechar los ritmos de la sociedad. Considerando que los niños trabajaban seis días de la semana, la escuela dominical fue una solución práctica. En una sociedad agraria en que había dificultad para viajar, una medida práctica fue la combinación de la instrucción y la adoración en un día. Los niños ya no trabajan seis días de la semana, y es relativamente fácil y rápido viajar, pero los ajetreos de la vida moderna y la presión del reloj que muchas familias enfrentan hacen de la escuela dominical una muy práctica estrategia.

La escuela dominical es infinitamente *adaptable*. Da buen resultado tanto en congregaciones grandes como en pequeñas y se puede adaptar a cualquier iglesia. Conforme la iglesia crece, la escuela puede fácilmente expandirse: añadir nuevos maestros, clases, administradores, y personal de apoyo. El modelo de organización fácilmente se adapta a las necesidades de la mega-iglesia o a las de la obra que está en sus albores. No hay para la escuela dominical iglesia demasiado grande o demasiado pequeña.

Debido a que, por definición, la escuela dominical se compone de un maestro y un grupo de alumnos (dos o más), las clases pueden celebrarse casi en cualquier lugar. Aunque lo ideal es que la iglesia cuente con una cantidad adecuada de salones debidamente equipados, se ha tenido clases bajo un árbol al aire libre, en un automóvil, en restaurantes, y en el autobús de la iglesia. La escuela dominical puede funcionar con alta tecnología, baja tecnología, o sin tecnología alguna. Puede celebrarse en cualquier momento, en cualquier lugar, o en cualquier circunstancia.

La escuela dominical puede adaptarse para satisfacer una variedad de necesidades especiales. Las congregaciones más grandes pueden permitirse el lujo de desarrollar ministerios altamente especializados para satisfacer necesidades muy específicas. En congregaciones pequeñas la escuela dominical puede satisfacer estas mismas necesidades por crear y ofrecer clases o sesiones electivas. Esta flexibilidad permite a la iglesia atender las necesidades de su comunidad y de sus miembros sin la carga de tener que crear y diseñar una nueva estructura. Este hecho pone a los ministerios especializados al alcance de casi cualquier iglesia.

Una manera efectiva en que aun la iglesia más pequeña puede ministrar a la comunidad es con una clase para adultos en la escuela dominical, dirigida a los adultos solteros, a quienes hablan otro idioma que no sea el de la congregación, o quienes enfrentan alguna circunstancia especial en la vida (por ejemplo, aquellos cuyo cónyuge es inconverso, quienes tienen un problema que les controla la vida, quienes acaban de divorciarse). Todo lo que se necesita es liderazgo con una visión y un maestro que sienta una carga. Estas clases pueden aprovechar al máximo las fortalezas organizativas de la escuela dominical y proveer también un fundamento muy efectivo para el ministerio.

La escuela dominical *interactúa* bien con el resto de la iglesia. Ofrece a ésta un gran conjunto de ventajas. Cuando se diseña, organiza, y emplea adecuadamente, la escuela dominical puede no solo funcionar como el principal vehículo de instrucción, sino también llevar a cabo una variedad de otras funciones esenciales. Puede ser la infraestructura de la iglesia.

La escuela dominical es el lugar ideal para mantener un registro de los que se ausenten y de los visitantes. Algunos se preguntan si es realmente necesario controlar la asistencia y mantener registro de ella. Estas personas deben recordar que en la parábola de la oveja perdida el pastor sabía cuántas ovejas tenía, cuándo le faltaba una, y dónde encontrarla. Ese es el propósito de un buen registro. El maestro de escuela dominical sabe quién debe estar en la clase, quién falta, y dónde encontrarlo.

La escuela dominical puede servir como el vehículo principal de seguimiento, asimilación, y cuidado. Los maestros y obreros de la escuela dominical pueden asistir al pastor en este vital ministerio. El carácter de pequeño grupo de la clase de escuela dominical facilita la entrada de los visitantes a la iglesia a través de la amistad y la relación con otras personas. Es el lugar más natural de la iglesia para que la gente se sienta acogida y aceptada.

La escuela dominical contribuye a la unidad porque se comparte una comprensión común de la iglesia. Cuando se edifica un sentido de identidad compartida, se edifica también un sentimiento de unidad y de lealtad. En la escuela dominical, "la iglesia de ustedes" puede rápidamente convertirse en "nuestra iglesia".

La escuela dominical también contribuye directamente a la adoración. Cuanto más los creyentes conocen y entienden a Dios, tanto más lo adorarán de corazón. En la escuela dominical, la gente puede aprender y reflexionar acerca de la magnificencia del carácter de Dios, de su gracia salvadora, y de su eterno amor por su pueblo. En la escuela dominical pueden oír historias de cómo Dios ha tocado vidas y suplido en momentos de necesidad. La escuela dominical es el lugar donde con mayor probabilidad los alumnos encontrarán respuestas a sus interrogantes y descubrirán verdades eternas.

En resumen, la escuela dominical ofrece en un lugar y a través de un ministerio, los componentes esenciales para el desarrollo saludable de la iglesia. No hay necesidad de inventar nuevas formas de ministerio o duplicar lo que se puede hacer a través de la escuela dominical. Los líderes consideran necesario encontrar nuevas formas, no porque el diseño de la escuela dominical tenga fallas, sino porque se malentiende, no se implementa, ni se ejecuta debidamente. La escuela dominical que se implementa debidamente puede alcanzar todo. Esto es especialmente valioso en las congregaciones pequeñas, que pueden concentrarse en sus recursos, energías, y esfuerzos.

Una gran idea mal realizada

La escuela dominical ha probado ser una de las mejores herramientas ministeriales que se ha desarrollado. Tiene el potencial de mejorar la vida y el ministerio de cualquier congregación. Una y otra vez ha probado su efectividad, no solo como herramienta para la instrucción, sino en el crecimiento de la iglesia. No obstante, en muchas iglesias la escuela dominical se considera obsoleta y ha perdido su prestigio. ¿Por qué? Porque en muchas iglesias la escuela dominical es una gran idea mal realizada. Los líderes de la iglesia han fracasado en su intento de reclutar maestros y personal, y la educación se ha empobrecido. La falta de disposición para comprometer los recursos necesarios, las facilidades, los materiales, y el equipo lleva a la percepción de que la escuela dominical no es realmente importante. El descuido de los detalles de organización esenciales para el buen éxito conllevan al fracaso. En vez de tener como meta la excelencia, nos hemos predispuesto a la mediocridad.

Otra razón del fracaso de la escuela dominical es la fascinación que muchos sienten con lo nuevo. *Nuevo* generalmente equivale a *mejor*. La popularidad del próximo nuevo programa y la incansable búsqueda en algunas iglesias de la "bala mágica" inevitablemente resulta en la diversión de recursos, personas, la atención a ministerios nuevos, y la distracción de la escuela dominical. Los líderes de la iglesia también han sido susceptibles a las modas. Casi siempre, estas grandes ideas hacen explosión y después desaparecen.

Entonces los líderes avanzan a la siguiente moda en el ministerio.

La tercera razón de este fracaso es la proliferación de los ministerios especializados. Los ministerios altamente específicos se consideran "la forma de operar". Estos inevitablemente absorben los recursos que se podrían dedicar a la escuela dominical. Generalmente se añaden sin pensar en la manera en que pueden afectar los ministerios existentes y con poca consideración de la proporción "costo-beneficio".

Muchos líderes de laj iglesia han perdido la visión del verdadero potencial de la escuela dominical como un ministerio de enseñanza y no han apreciado todas las maneras en que una buena escuela dominical puede beneficiar a la iglesia. Debido a que no consideran que la escuela dominical tiene un potencial que excede su presente aplicación, no han explotado todo el potencial que ella tiene.

La herramienta adecuada

Al niño le gustaba visitar el taller del abuelo en el sótano de la casa. Le gustaba el olor del aserrín y la idea de crear con sus propias manos algo valioso y bello. Por sobre todo, le gustaba estar con el abuelo.

El taller era un verdadero museo de herramientas. El abuelo había sido un coleccionista y tenía algunas herramientas muy antiguas y también extrañas. En casi cada pared había herramientas prolijamente organizadas y colgadas en un panel. Era extraordinario. El niño y el abuelo tenían un pequeño juego que practicaban cuando estaban en el sótano. El niño fijaba la mirada en algún aparato de extraña forma y procuraba acertar cuál era su utilidad. Casi nunca lo hacía la primera vez. El abuelo le daba pistas, y volvía a intentarlo. Siguieron los acertijos y la pistas hasta que el niño finalmente se sintió exasperado.

Entonces el abuelo tomaba la herramienta y le explicaba cuál era su utilidad, el porqué de su diseño, y cómo se usaba. Una vez que el niño entendía la utilidad, el diseño era cosa obvia.

Cierta vez trabajaban en un proyecto y el abuelo necesitaba

cortar una plancha de madera. En el taller había una variedad de sierras: banco carpintero, caladora, circulares, de broca, de inglete, entre otras. Pero el anciano tomó una vieja y gastada sierra de mano (pero bien cuidada). En las hábiles manos del abuelo, los afilados dientes de la sierra rápidamente cortaron la madera. El trabajo estaba terminado. El corte era recto y preciso.

Mientras observaba, el niño pensó que el abuelo podría haber usado una sierra circular o que tal vez habría podido armar el banco carpintero para hacer ese corte, pero ambas soluciones habrían requerido de más tiempo que simplemente usar la sierra de mano. Habría sido casi imposible cortar con una sierra caladora, con una broca, o con una sierra de inglete. Ninguna era la herramienta adecuada para el trabajo, pero la vieja sierra de mano fue la solución.

El abuelo parecía leer la mente del niño. (Siempre lo hacía.) Guiñó el ojo, sonrió, y pronunció palabras de sabiduría: "A veces los antiguos métodos son los mejores."

Como una buena herramienta en las hábiles manos del artesano, la escuela dominical puede ser el instrumento adecuado para el trabajo. A veces los antiguos métodos son los mejores.

Notas

[1]"Lady Be Good: Recovery in 1959 of B-24 crew lost in Lybian Desert in 1943 [La buena dama: Recuperación en 1959 de la tripulación del B-24 que en 1943 desapareció en el desierto de Libia]", www.qmfound.com/lady-_be_good_b-24_bomber_recovery.htm

El maestro de escuela dominical: mentor y amigo

Mentor y Telémaco

Antes de ser título, la palabra mentor fue un nombre.
Antes de ser una técnica de enseñanza, Mentor fue un hombre.
Esta es la historia.

La Ilíada y la Odisea, los dos grandes poemas épicos de Homero, refieren la historia de las guerras troyanas y la travesía a casa de Ulises. Homero presenta a Ulises, rey de Ítaca, no como el héroe en que se convirtió, sino como el desertor que para evitar unirse a la alianza contra Troya simuló estar desquiciado. Para probar la cordura de Ulises, Palamedes puso a Telémaco, hijo del rey de Ítaca, frente al arado de su padre. Ulises se delató porque desvió su curso para no herirlo. Con esta acción selló su destino.

Ulises dejó a su hijo y a Penélope, su esposa, al cuidado de Mentor, su siervo más anciano y en quien confiaba. Cuando Ulises emprendió el viaje a Troya, nadie imaginó cuánto tardaría en regresar. Luchó durante diez años antes de que los troyanos invadieran la ciudad escondidos en el caballo de madera. Su viaje de regresó duró otros diez años. Mentor fue fiel a su compromiso y cuidó a Telémaco y con la palabra y el ejemplo lo educó hasta

67

convertirlo en un hombre civilizado. Durante veinte años, Mentor fue el fiel consejero, amigo, y maestro de Telémaco.

La historia de Ulises, Mentor, y Telémaco toma un rumbo inesperado. Atenea, la diosa de la guerra, a veces se transfiguraba en Mentor para aconsejarlo y ayudarlo. Cuando Telémaco no pudo hacer frente a los pretendientes de su madre, Atenea, en forma de Mentor, lo persuadió a que debía imponerse y ordenarles que dejaran a Penélope. Cuando esta estrategia falló, Atenea, nuevamente en forma de Mentor, convenció a Telémaco de era necesario que encontrara a su padre y que además lo acompañó en sus viajes. Mentor aconsejó a Telémaco que usara otra ruta para regresar a Ítaca con el fin de evadir una emboscada que le habían tendido los pretendientes de su madre. Cuando no encontraron otra vía de escape, Telémaco y Mentor saltaron al mar desde un acantilado en la isla Calipso y nadaron al barco en que navegaban.

Cuando regresó a Ítaca, Telémaco era otro hombre. Gracias a Mentor, el tímido y vacilante muchacho, hijo de Ulises, se había convertido en un valiente hombre, honrado, y respetable. Este maduro y valeroso hijo se unió a su padre para derrotar a los pretendientes de Penélope y devolver a Ulises el trono de Ítaca.

Esto es solo mitología griega. Sin embargo el nombre de este anciano tutor se ha convertido en la palabra que usamos para denominar al sabio y fiel maestro, consejero, y amigo.

Introducción

¿Qué es un maestro?

La función del maestro se puede considerar desde dos puntos de vista.

El maestro como experto

Algunos consideran al maestro como un experto residente cuya principal tarea es transferir a sus alumnos su conocimiento y percepción. La mayor parte de la educación cristiana y secular se erige sobre este modelo. Los maestros deben dominar su esfera de conocimiento y ser expertos comunicadores. Los alumnos (o los padres de éstos) escogen una escuela después de indagar acerca de la capacidad académica de sus facultativos. La estructura de las instituciones educativas confirma este concepto. En las escuelas superiores y en las universidades, los alumnos deben estudiar diversas materias. Aun en la etapa preescolar y en la escuela primaria se dedica tiempo al estudio de contenidos específicos. Para comunicar de manera más eficaz el contenido se emplea la tecnología, sea escrita, visual, o auditiva.

Juzgamos las escuelas y los maestros por su habilidad de transmitir información a los alumnos. Estos últimos progresan o fracasan en relación con el dominio del contenido. Se considera la escuela como una línea de ensamblaje en que cada maestro añade su parte hasta que se tiene el producto final. Los alumnos abandonan "la correa", reciben el diploma, y se les asegura que están preparados para enfrentar el porvenir.

Debemos notar unos cuantos elementos. Este modelo puede ser un método extremadamente efectivo para entregar mucha información a un gran número de alumnos, pero en el proceso la relación maestro-alumno es relativamente insignificante. No importa si el maestro siente simpatía o si se interesa en sus alumnos como persona. Lo que importa es con cuánta eficacia el maestro entrega el contenido. No importa si los alumnos sienten simpatía por él. Lo que sí importa es que el alumno reciba lo que pagó: dominio del tema o un diploma o título.

La información es muy importante en este enfoque. La suposición subyacente es que un cambio de conocimiento automáticamente conduce a un cambio de actitud, y que el cambio de actitud conduce a su vez a un cambio de conducta. La manera de influir en los alumnos y en su conducta es comunicar información certera de manera efectiva y eficiente. Hay solo un problema: los asuntos no funcionan de esa manera.

Esta perspectiva impacta profundamente la manera en que los maestros entienden su función y lo que los alumnos esperan de sus maestros. Su obligación comienza y termina en la puerta del salón de clase. Los alumnos generalmente están de acuerdo con este punto de vista. Su relación con el maestro generalmente y casi exclusivamente se asocia o vincula con el tema y la experiencia del salón de clase.

Esta perspectiva se ha convertido en el modelo educativo que gobierna. Ha probado ser una excelente manera de crear conocimiento y comunicar información y comprensión. Pero la vida no puede reducirse a un ejercicio académico. Cuando se usa en la iglesia, esta clase de educación tiene serias limitaciones. Hay una gran diferencia entre conocer lo recto y ser recto, entre entender la ética y ser ético, entre conocer acerca de Dios y conocerlo a Él. Puede ser una gran manera de comunicar información pero la información sola es insuficiente para la vida cristiana exitosa.

Finalmente, no hay duda de que este modelo educativo secular imperante ha sido adoptado por la iglesia. Los modelos de instrucción del mundo son y han sido reaplicados en la iglesia sin evaluar si esta enseñanza es la mejor manera de ayudar a la gente a crecer en su fe. Suponemos que sí lo es y nos movemos según este supuesto.

Muchos han aceptado el supuesto de que lo mejor que pueden hacer es la comunicación efectiva de la información bíblica. Ellos determinan lo que se enseñará y en qué orden se hará, establecen clases según la edad de los alumnos, y ofrecen temas electivos a adolescentes y adultos. Lo hacen porque este es el modelo con el que la mayoría está familiarizado. La educación secular ha desarrollado métodos de enseñanza extremadamente efectivos y eficaces, y los líderes de la iglesia quieren lo mejor para sus maestros y alumnos. Hemos aceptado el modelo secular porque creemos que es el mejor.

¿Pero lo es realmente?

El maestro como mentor

La segunda manera del ver al maestro es como el sabio amigo, guía, y mentor en quien confiamos. Estos maestros son sabios. Conocen la Biblia y saben cómo enseñarla, pero su preocupación va más allá que la simple efectiva y eficaz transmisión de información. Quieren que sus alumnos entiendan el significado y la importancia de la Biblia y cómo se relaciona con la vida de ellos. La aplicación de las verdades bíblicas a la vida diaria es crítica para el aprendizaje y para que los maestros puedan cumplir con su responsabilidad. El interés de ellos no es simplemente proveer información. Se preocupan de verdaderamente ayudar a sus alumnos a desarrollar estilos de vida cristianos que integren y expresen el aprendizaje bíblico en todo aspecto de la vida.

Esta manera de enseñar la Biblia puede ilustrarse con cuatro preguntas que cada alumno debe responder al finalizar la sesión de la escuela dominical.

¿Qué dice la Biblia?

¿Qué quiere decir la Biblia?

¿Qué me dice a mí la Biblia?

¿Qué voy a hacer?

Además, estos maestros escuchan y entienden cómo piensan sus alumnos y cómo se sienten. Los mentores saben que el aprendizaje y el crecimiento son procesos que implican mucho más que la adquisición de nuevo conocimiento. El verdadero aprendizaje demanda que los alumnos reflexionen, cuestionen, y desafíen lo que se les enseña. El verdadero aprendizaje se da en el crisol de la aplicación bíblica y en la reflexión acerca de la experiencia. Será inevitable sentir que es un proceso de ensayo y error con muchos fracasos y buenos éxitos, muchas frustraciones y triunfos. Los grandes maestros con buena disposición recorren este proceso con sus alumnos, escuchan sus historias, y los animan a atender a los demás. Ayudan a los alumnos a entender su experiencia, a descubrir el camino al siguiente paso, a hacer peldaños de los escollos; les advierten que hay obstáculos en el camino, los levantan cuando caen, y los animan y motivan a alcanzar metas aun mayores en su vida y en el ministerio.

Estos maestros entienden que las relaciones que desarrollan con sus alumnos y las que estos desarrollan con los demás son el núcleo del verdadero proceso de aprendizaje. Estas relaciones no son una distracción del "verdadero" aprendizaje. No se puede disociar el mensaje del mensajero. La manera en que los alumnos se relacionan con su maestro y la manera en que ven el proceso de enseñanza-aprendizaje cambia la manera en que entienden y sienten acerca de lo que se enseña. Con este conocimiento, el mentor sabio enseña con la vista en la calidad de relación de la enseñanza. Enseñan a personas, en vez de simplemente enseñar una lección. Es esencial que para la enseñanza exitosa relaciones saludables que tienen por base el respeto mutuo y el interés en los demás.

El maestro responsable sabe que estas responsabilidades no terminan en la puerta del salón de clase o de la iglesia, sino que allí comienzan. El mentor participa en la vida de su alumno cuando éste está fuera del salón de clase. Entiende que su conducta enseña tanto como sus palabras. Sabe que las palabras, la conducta, y el estilo de vida están íntimamente ligados con su enseñanza. Sabe que es observado. Las discrepancias entre lo que enseña y la manera en que vive ciertamente pueden ser un descrédito para el evangelio y para el maestro mismo, además de un obstáculo en el crecimiento y desarrollo espiritual de los alumnos. El mentor no solo habla, también practica.

Propósito y proceso

¿Qué sendero debe andar el maestro de escuela dominical?

La única manera de determinar el sendero es determinar el propósito de la enseñanza. Claramente muchas iglesias y líderes de iglesias han escogido el método secular y su énfasis en la transmisión de información. Pero este hecho genera la siguiente pregunta: ¿Tienen el mismo propósito la educación cristiana y la secular?

La respuesta debe ser un resonante y absoluto "¡no!" La comunicación de información bíblica y doctrinal de manera eficiente y eficaz no puede ser el único foco de la educación cristiana. El solo imaginarlo lo convierte en una pesadilla: iglesias llenas de "paganos" conocedores de las Escrituras y de la doctrina, pero que nunca han experimentado el poder renovador de Cristo;

personas que conocen la enseñanza de la iglesia, pero que no aplican los principios a su vida; personas que se identifican como cristianos, pero cuyas actitudes y obras corresponden a las de sus vecinos paganos. Este es el estilo de vida de los fariseos y de los saduceos. Conocían la enseñanza de la Ley pero desconocían al autor. Si la iglesia escoge ese sendero, llegará al mismo destino.

Felizmente, hay otra ruta.

Educación cristiana en vez de instrucción religiosa

El propósito de la verdadera educación cristiana es que los creyentes no se conformen al patrón de este mundo (vea Romanos 12:2), sino que se asemejen a la imagen del Hijo de Dios (Romanos 8:29), en otras palabras, que sean como Cristo. La educación cristiana promueve un desarrollo saludable de la espiritualidad, del carácter, de las actitudes, de la perspectiva del mundo, y de la conducta como la de Cristo. Este proceso comienza con la renovación espiritual a través del nuevo nacimiento y es posible por la presencia del Espíritu Santo en la vida del creyente. Debe continuar "hasta que todos lleguemos a la unidad de la fe y del conocimiento del Hijo de Dios, a un varón perfecto, a la medida de la estatura de la plenitud de Cristo" (Efesios 4:13).

¿Puede alcanzar esta meta un proceso educativo que se ha diseñado para la efectiva y eficaz transferencia de información? ¡Obviamente, no! No se ha diseñado con este fin. Se ha diseñado para impactar la comprensión de una persona, pero no necesariamente para satisfacer otras dimensiones críticas del crecimiento espiritual. ¿Es el conocimiento y la comprensión de la Biblia y de nuestra doctrina esencial para el crecimiento y el desarrollo espiritual? ¡Definitivamente, sí! ¿Es por sí sola suficiente para cumplir la tarea? ¡No! Santiago nos recuerda que los demonios también conocen la verdad y tiemblan (Santiago 2:19). La iglesia debe aprovechar cada oportunidad de mejorar el proceso de enseñanza-aprendizaje, aprovechar al máximo cada técnica y tecnología para mejorar la comunicación del mensaje de la Biblia. Debemos ser los mejores. Después de todo, enseñamos verdades eternas que impactan destinos eternos.

La iglesia siempre debe recordar que la información bíblica por sí sola no es suficiente. Es el principio del proceso. No debe eliminar la excelente infraestructura educativa que ha creado; la mayor parte es valiosa y puede usarse para que las personas se asemejen a Cristo. Más bien debe usar estas herramientas para propagar los propósitos del evangelio. Se debe añadir al proceso otros elementos esenciales que se necesita para ayudar a nuestros alumnos a convertirse en seguidores de Cristo enteramente consagrados.

El modelo secular también fracasa porque no es el modelo bíblico. Nuestras estructuras e instituciones educativas son creación de nuestra cultura y sociedad occidentales; no tienen como base los modelos bíblicos. La Biblia habla acerca del proceso enseñanza-aprendizaje, pero su perspectiva es muy diferente de la de nuestro moderno paradigma de la educación de Occidente. En el corazón de la enseñanza bíblica se encuentra la relación entre el maestro y el alumno o discípulo. La Biblia ve al maestro como un mentor y un amigo. Los ejemplos bíblicos de esta relación incluyen a Moisés y Josué, Elías y Eliseo, Jesús y los Doce, Pablo y Timoteo. Vemos ejemplos de esta relación en Bernabé cuando acoge a Pablo, al primer y tal vez más grande perseguidor de la iglesia; y también en Aquila y Priscila, cuando reciben al joven Apolo.

Hay un claro patrón que se repite en el Nuevo Testamento. He aquí algunos ejemplos de la obra de los mentores bíblicos:

> "Trayendo a la memoria la fe no fingida que hay en ti, la cual habitó primero en tu abuela Loida, y en tu madre Eunice, y estoy seguro que en ti también" (2 Timoteo 1:5).

> "Tú, pues, hijo mío, esfuérzate en la gracia que es en Cristo Jesús. Lo que has oído de mí ante muchos testigos, esto encarga a hombres fieles que sean idóneos para enseñar también a otros" (2 Timoteo 2:1,2).

> "Las ancianas asimismo sean reverentes en su porte; no calumniadoras, no esclavas del vino, maestras del bien; que enseñen a las mujeres jóvenes a amar a sus maridos y a sus hijos" (Tito 2:3,4).

"Exhorta asimismo a los jóvenes a que sean prudentes; presentándote tú en todo como ejemplo de buenas obras; en la enseñanza mostrando integridad, seriedad, palabra sana e irreprochable, de modo que el adversario se avergüence, y no tenga nada malo que decir de vosotros" (Tito 2:6-8).

Seamos claros. Esta no es una proposición optativa. La iglesia no tiene que escoger entre instrucción bíblica efectiva y relaciones mentoras. En realidad, no debe escoger. No importa cuán eficaz o efectiva sea, no hay técnica o tecnología de comunicación de información que sustituya en la vida del alumno al verdadero mentor y amigo. Pero los mentores deben comunicar la verdad bíblica de manera efectiva y precisa. El saludable desarrollo espiritual del creyente demanda la participación activa de otros creyentes. El crecimiento espiritual es un proceso que implica relaciones no solo con Dios, sino también con otros creyentes.

Un modelo basado en la información fracasa porque no enfoca las necesidades de la iglesia. La verdadera educación cristiana no solo crea un lugar donde los creyentes obtengan información; crea el ambiente en que el individuo puede crecer y contribuir al crecimiento saludable del cuerpo de creyentes. Su propósito no es solo el desarrollo saludable del creyente, sino el desarrollo saludable de la iglesia. Pablo escribió: "Y él mismo constituyó a unos, apóstoles; a otros, profetas; a otros, evangelistas; a otros, pastores y maestros, a fin de perfeccionar a los santos para la obra del ministerio, para la edificación del cuerpo de Cristo, hasta que todos lleguemos a la unidad de la fe y del conocimiento del Hijo de Dios, a un varón perfecto, a la medida de la estatura de la plenitud de Cristo" (Efesios 4:11-13).

Si simplemente ponemos algo más encima del cúmulo de información bíblica, no contribuimos necesariamente a la formación de un cuerpo saludable de creyentes. La iglesia no consiste en estar simplemente de acuerdo en la doctrina. La despiadadas disputas y divisiones en las iglesias generalmente suceden por causa de creyentes que tienen la misma comprensión y perspectiva bíblicas. La verdadera unidad se edifica con lazos de afecto y relaciones personales. No se alcanza unidad en la clase de estudio bíblico en que se reúnen desconocidos que con resignación aceptan lo que el maestro les presente.

Los lazos de unidad no son solo doctrinales; son de relaciones. El amor y la lealtad de los creyentes a Dios y al prójimo es el cemento que mantiene la iglesia en pie. Juan escribió:

> Este es el mensaje que hemos oído de él, y os anunciamos: Dios es luz, y no hay ningunas tinieblas en él. Si decimos que tenemos comunión con él, y andamos en tinieblas, mentimos, y no practicamos la verdad; pero si andamos en luz, como él está en luz, tenemos comunión unos con otros, y la sangre de Jesucristo su Hijo nos limpia de todo pecado ... El que dice que está en la luz, y aborrece a su hermano, está todavía en tinieblas. El que ama a su hermano, permanece en la luz, y en él no hay tropiezo. Pero el que aborrece a su hermano está en tinieblas, y anda en tinieblas, y no sabe a dónde va, porque las tinieblas le han cegado los ojos (1 Juan 1:5-7; 2:9-11).

Las relaciones sólidas y saludables no suceden ni se concretan por simple casualidad. No son el resultado automático de sentarse en un salón de clase o en un santuario y escuchar la exposición de la Palabra de Dios. Las relaciones crecen cuando los creyentes se conocen, cuando se atiende las necesidades, y hay interés en la vida de cada uno. No es el resultado de la comprensión colectiva, sino de obras colectivas e interacciones.

Siete principios de los grandes mentores bíblicos

Cada uno de los grandes mentores bíblicos es único, pero todos comparten y aplican los mismos principios y prácticas fundamentales. La relación entre Elías y Eliseo es una buena ilustración.

El mentor no puede dar lo que no tiene. En el relato del legado del manto (2 Reyes 2), Elías entregó a Eliseo un manto porque lo tenía. Los maestros primero deben poseer en ellos características que esperan ver en sus discípulos. En consecuencia, la primera tarea de los mentores es crecer en su propio andar con Dios, crecer en la comprensión de Él y de sus caminos, desarrollar disciplinas espirituales, y reflejar de manera genuina la imagen del Maestro. El antiguo refrán afirma: "Enseñamos lo que sabemos; reproducimos lo que somos."

El buen mentor ayuda a su discípulo a concentrar la atención en lo más importante. Elías preguntó específicamente a Eliseo qué podía hacer en su favor (2 Reyes 2:9). Eliseo sabía que Elías pronto partiría; era su última oportunidad. Eliseo no desperdicio la importancia del momento. Es probable que en su mente evaluara las opciones y escogiera la más importante: la bendición de Dios y su presencia. En su enseñanza, el mentor sabio da prioridad a lo más importante. Cristo, el mentor por excelencia, dijo: "No os afanéis, pues, diciendo: ¿Qué comeremos, o qué beberemos, o qué vestiremos? Porque los gentiles buscan todas estas cosas; pero vuestro Padre celestial sabe que tenéis necesidad de todas estas cosas. Mas buscad primeramente el reino de Dios y su justicia, y todas estas cosas os serán añadidas" (Mateo 6:31-33).

Pablo también mostró un claro enfoque en lo importante. "Una cosa hago: olvidando ciertamente lo que queda atrás, y extendiéndome a lo que está delante, prosigo a la meta, al premio del supremo llamamiento de Dios en Cristo Jesús" (Filipenses 3:13,14).

El buen mentor desafía a sus alumnos y los estimula a ir más allá de lo que creen posible. Elías sugirió tres veces a Eliseo que se quedara. Tres veces Eliseo no aceptó la sugerencia y siguió al lado de su maestro (2 Reyes 2:1-6). Nos podría parecer que Elías trataba de desanimar a su discípulo o que Eliseo era desobediente y atrevido. Sin embargo, las preguntas de Elías reflejan una realidad espiritual. Cuando un discípulo alcanza un estado de estabilidad espiritual, la tentación es quedarse en esa condición. Elías sabía que había nuevas alturas que alcanzar y era su propósito hacerlo. Claramente, Eliseo decidió dar el siguiente paso en su jornada. Nosotros también debemos hacerlo.

Tres veces Jesús preguntó a Pedro: "¿Me amas?" (Juan 21:15-17.) Y Pablo animó a Arquipo, su compañero de milicias (Filemón 1:2) a que fuera fiel al llamamiento hasta que lo cumpliera. Escribió: "Decid a Arquipo: Mira que cumplas el ministerio que recibiste en el Señor" (Colosenses 4:17).

El mentor sabio muestra en su vida los principios y prácticas que enseña. Elías mostró el uso del manto. Cuando llegó el turno de

Eliseo, éste repitió las acciones de su maestro con idéntico resultado (2 Reyes 2:7, 8 ,14). Jesús enseñó a orar sus discípulos con una oración. Como sabio mentor, Pablo pudo animar a la iglesia de Corinto a hacer como él. "Sed imitadores de mí, asi como yo de Cristo. Os alabo, hermanos, porque en todo os acordáis de mí, y retenéis las instrucciones tal como os las entrequé" (1 Corintios 11:1, 2).

Los mentores no solo aprenden las disciplinas de la vida espiritual, también aprender a disciplinarse ellos mismos. El hecho de que otros imitan el ejemplo de ellos, los hace concientes de la importancia de dominar sus actitudes, palabras, y acciones. Pablo escribió: "Así que, yo de esta manera corro, no como a la ventura; de esta manera peleo, no como quien golpea el aire, sino que golpeo mi cuerpo, y lo pongo en servidumbre, no sea que habiendo sido heraldo para otros, yo mismo venga a ser eliminado" (1 Corintios 9:26, 27).

Elías mostró que era un gran mentor cuando estableció una relación cercana y continua con Eliseo. Éste no solo se presentó para un seminario de profetas y después volvió a casa, sino que se quedó con Elías y estableció una relación cercana con él. Para que Eliseo recibiera el manto, tuvo que estar con Eliseo cuando éste fue traspuesto (2 Reyes 2:10). Jesús mostró el mismo principio cuando llamó a los Doce. "Y estableció a doce, para que estuviesen con él, y para enviarlos a predicar" (Marcos 3:14).

El ministerio de estos doce fue confirmado tanto por el hecho de que habían estado con Jesús como por lo que habían aprendido de Él. Pedro y Juan fueron arrestados en Jerusalén después del Día de Pentecostés, fue la relación con Jesús la que sorprendió a sus acusadores. "Entonces viendo el denuedo de Pedro y de Juan, y sabiendo que eran hombres sin letras y del vulgo, se maravillaban; y les reconocían que habían estado con Jesús" (Hechos 4:13).

Moisés preparó a Josué por más de cuarenta años. Jesús dedicó tres años a los Doce. Antes de comenzar su ministerio, Pablo vivió tres años en Damasco donde aprendió de sus hermanos. Después, Bernabé fue su compañero por años y también invirtió en la vida de Timoteo, Silas, Filemón, y muchos otros.

El mentor hace al discípulo responsable de sus actos, cuando es necesario lo llama al orden, pero no lo abandona. Vemos este principio ilustrado en la relación entre Pablo y Juan Marcos.

> Y Bernabé y Saulo, cumplido su servicio, volvieron de Jerusalén, llevando también consigo a Juan, el que tenía por sobrenombre Marcos (Hechos 12:25).

> Y Bernabé quería que llevasen consigo a Juan, el que tenía por sobrenombre Marcos; pero a Pablo no le parecía bien llevar consigo al que se había apartado de ellos desde Panfilia, y no había ido con ellos a la obra. Y hubo tal desacuerdo entre ellos, que se separaron el uno del otro; Bernabé, tomando a Marcos, navegó a Chipre, y Pablo, escogiendo a Silas, salió encomendado por los hermanos a la gracia del Señor, y pasó por Siria y Cilicia, confirmando a las iglesias (Hechos 15:37-40).

Pablo hizo a Juan Marcos responsable de sus actos, pero Bernabé no abandonó al joven y prometedor discípulo que había cometido un error. Con el tiempo, los dos probaron estar en lo cierto. Años más tarde, Pablo celebró la inversión que se había hecho en quien había desertado en Panfilia. Escribió a Timoteo: "Sólo Lucas está conmigo. Toma a Marcos y tráele contigo, porque me es útil para el ministerio" (2 Timoteo 4:11). Y a Filemón escribió: "Te saludan Epafras, mi compañero de prisiones por Cristo Jesús, Marcos, Aristarco, Demas y Lucas, mis colaboradores" (1:23,24).

Finalmente, un buen mentor es también un buen discípulo. Generalmente, además de ser mentor para alguien ellos mismos reciben en su vida la orientación de un mentor. Moisés recibió buen consejo de Jetro, su suegro (Éxodo 18), cuando amparó a Caleb y al joven Josué. Pablo fue a Jerusalén a buscar el consejo de los apóstoles (Hechos 9:26-30) y regresó al mismo lugar después de un viaje misionero nuevamente en busca de la sabiduría y la bendición de los ancianos (Hechos 15). Pablo aprendió de su mentor Bernabé, y después él mismo fue mentor de Juan Marcos, Silas, Timoteo, y otros.

De instrucción religiosa a educación cristiana

El cambio de la escuela dominical de un ministerio educativo centrado en la información a uno que tiene como fundamento las relaciones mentoras implica un cambio en la estructura y la organización del liderazgo y de los maestros.

Estructura y organización

¿Qué implica crear un ambiente en que se promueva un estilo mentor de educación cristiana?

Primero, los líderes y los maestros deben valorar las estructuras y la organización existente. El hecho de que la comunicación efectiva de la verdad bíblica y doctrinal no sea todo no quiere decir que esté desprovista de valor. El material curricular, la tecnología, la organización, y las estructuras que sirven de soporte al proceso de instrucción deben mantenerse y mejorarse en tanto no interfieran con los propósitos del crecimiento y del desarrollo espiritual ni se opongan a ellos, y en tanto contribuyan a la comunicación eficaz de la Palabra de Dios.

Para facilitar la transición es necesario aplicar algunos principios clave a la escuela dominical.

A. Adecuada proporción maestro-alumno

Es imposible que los maestros desarrollen relaciones mentoras si trabajan bajo la presión de un grupo extremadamente numeroso. La relación mentora es posible cuando se procura la siguiente proporción maestro-alumno (cálculo según el promedio de asistencia, no de matrícula).

Preescolar	un maestro por cada cinco alumnos
Escolar	un maestro por cada seis u ocho alumnos
Jóvenes	un maestro por ocho alumnos
Adultos	un maestro o líder de grupo por cada diez personas

Algunos piensan que es imposible tener clases tan pequeñas. Sin embargo, no lo es. Muchos maestros se sienten presionados con una clase tan numerosa y el sentimiento es un obstáculo que impide enlistar nuevos obreros y reducir el número de alumnos por clase. Los maestros que tienen muchos alumnos generalmente sienten que realizan la labor de niñera o que su obligación es controlar una multitud. Cuando se limita el tamaño de la clase, la experiencia mejora tanto para alumnos como para maestros y es posible reclutar el equipo de trabajo que se necesita. Además se promueve una atmósfera de crecimiento y la enseñanza a través de las relaciones, y se ayuda a convertir un caótico salón de clase en un lugar de maravilloso descubrimiento e interesante aprendizaje.

Las clases de jóvenes y adultos generalmente son más numerosas. Clases como estas se deben organizar en grupos pequeños de ocho a diez alumnos, con un líder que ayude al maestro y que sea mentor y amigo de los componentes de su grupo.

B. Registros fidedignos

El registro de la información relacionada con los miembros de la clase y los visitantes puede parecer superfluo, sin embargo es un importante hábito del buen mentor. Los registros deben tener información fidedigna para mantener comunicación (dirección, número de teléfono, dirección de correo electrónico, y otros). Se debe también registrar información personal (cumpleaños, aniversarios, y otras fechas importantes), y familiar (padres, esposa, hijos, etc.). Además es importante mantener buenos registros de asistencia.

Esta información, además de recopilarse, debe usarse. Mostramos interés cuando nos comunicamos con quienes han faltado a la clase. Otra manera de mostrar interés es llamar a los visitantes para agradecerles su compañía e invitarlos a que vuelvan a visitar la iglesia. Una llamada de teléfono, una tarjeta, un mensaje electrónico harán que el alumno se sienta valorado e importante. Todos estos pasos contribuyen al enriquecimiento de la relación maestro-alumno y ninguno es posible sin registros fidedignos y actualizados.

C. Metodología de la instrucción

El método de enseñanza que emplea el maestro enseña tanto como el contenido que comunica. Muchos se valen casi exclusivamente del relato (para los niños) o del discurso (para los adultos). Es posible entender tal tendencia. Es la experiencia educativa de la mayoría. Se acomoda a nuestro paradigma empírico de la educación como el proceso por el que un experto comunica a los alumnos cierta información acerca de un tema. También se acomoda a nuestra experiencia en la iglesia. Después de todo, un sermón es una forma de discurso. Para los hábiles oradores o narradores es la manera más fácil de enseñar. Además es fácil para los alumnos. Demanda muy poco de ellos—solo sentarse y escuchar.

No obstante, el abuso del discurso perjudica la relación del mentor con su discípulo. Es comunicación en un solo sentido, que no da lugar a la interacción. El orador no sabe lo que sus alumnos piensan o sienten. No sabe si los alumnos están verdaderamente escuchando lo que les comunica.

La clase debe progresar de ser el lugar en que el maestro es el orador activo y los alumnos el auditorio pasivo. Se debe fomentar el aprendizaje a través de la participación en que tanto maestro como alumnos son entes activos. Se debe dar tiempo a que los alumnos respondan a las verdades bíblicas que exploran y las comenten. Las técnicas de enseñanza como pregunta y respuesta, indagación e informe, grupos pequeños de discusión, dramatización, y muchas otras son maneras de dar vida al salón de clase y procurar que sea el lugar donde la gente puede descubrir las verdades de Dios e interactuar con otros.

Otro paso importante en el proceso es la incorporación de actividades de aprendizaje adecuadas a la edad y que se diseñan específicamente para estimular a los alumnos a la interacción y a conocer a otras personas. El ambiente para las relaciones se enriquece cuando antes que empiece la clase se planea y se dedica tiempo al compañerismo, a los testimonios, y a las peticiones.

D. El espacio físico y su organización

El espacio físico puede enriquecer o inhibir el cociente de relación de la clase. He aquí algunas sugerencias prácticas:

1. Para saludar a los alumnos, ponga "un puesto de bienvenida" junto a la puerta del salón.
2. Organice los asientos de tal manera que los alumnos no solo vean al maestro sino a los alumnos. Algunas clases se reúnen en torno a una mesa. Otras acomodan seis u ocho sillas en forma de círculo o herradura. Si no es posible mover los asientos, dé lugar a que la gente se pare y dé media vuelta para interactuar con otros en la clase.

3. Si es posible, prepare un rincón del salón como área de refrigerio en que los alumnos se puedan reunir para comer y conversar.

Responsabilidades de los líderes

Quienes dirigen el ministerio educativo de la iglesia juegan un importante papel. He aquí algunas prácticas sugerencias para pastores, maestros de escuela dominical, directores de educación cristiana, y otros líderes.

A. Establezca la pauta

Los líderes deben claramente establecer y comunicar lo que esperan de los maestros de la escuela dominical. Lo primero debe ser la clara explicación de las prioridades, los principios, y el proceso de la relación mentora. No es la culminación, sino un importante comienzo.

B. Enseñe y prepare

Los maestros enseñan de la manera en que se les enseñó. La mayoría entiende su función y responsabilidad a la luz de su propia experiencia educativa en la escuela y en la iglesia. Algunos son mentores natos, otros no. Pero todos pueden y deben recibir preparación y ayuda con el fin de que cultiven la habilidades necesarias para orientar a otros. La mejor manera de enseñar al maestro a ser mentor es que los líderes sean modelo de los principios y de las prácticas de la efectiva enseñanza a través de la relación. No tiene sentido enseñar al maestro que debe ser también un buen mentor a través del discurso solamente.

C. Edifique la organización

Dos maneras importantes de edificar la organización es mantener la proporción entre maestros y alumnos y contar con un efectivo sistema de registro que respalde la labor de mentor del maestro.

Otra tarea importante del liderazgo es crear una efectiva estrategia de alistamiento y preparación de manera que el ministerio cuente con maestros, líderes, y todo tipo de personal adecuadamente preparado y cualificado.

Finalmente, los líderes pueden y deben crear un sistema de organización que tenga por fundamento principios de la relación mentora. El superintendente debe ser mentor de los maestros y ayudantes, y éstos de los alumnos.

D. Establezca el sentido de responsabilidad

La responsabilidad no debe ser onerosa ni rígida. Tampoco debe ser abuso de poder. La responsabilidad es parte integral de cualquier organización efectiva. Es la simple acción de determinar lo que se debe hacer, establecer un procedimiento para realizar el trabajo, preguntar si se ha realizado como se determinó, y responder adecuadamente. Los maestros, por ejemplo, deben comunicarse con quienes faltaron a la clase. Según la situación, se puede enviar una tarjeta de saludo, hacer una llamada telefónica, escribir una carta electrónica, o visitar a la persona. Esta expectativa se debe expresar claramente. Alguien debe verificar si el contacto se realizó según la pauta establecida. Si se procedió correctamente, entonces se debe reconocer el trabajo y expresar gratitud. Si no fue así, será necesario que gentilmente se ayude al obrero a recordar el procedimiento, que se provea entrenamiento y respaldo adicional, o dar los pasos que sean necesarios.

La tarea del maestro

La labor del mentor se expresa en la relación del maestro con el alumno. La excelencia organizativa o el respaldo del liderazgo no tiene mayor importancia si los maestros no cambian la manera de enseñar. He aquí algunas sugerencias para mejorar la enseñanza a través de las relaciones.

1. En vez de enseñar una lección, enseñe a los alumnos. Comprenda las necesidades de ellos y recuerde que esas vidas son lo más importante para usted.

2. Establezca relaciones saludables con todos los alumnos. Muestre interés en la vida de ellos. Descubra dones y talentos. Escuche las experiencias que han vivido.

3. Haga tiempo y dedique parte de la clase al enriquecimiento de las relaciones. Use actividades y enseñe técnicas que den a sus alumnos la oportunidad de conversar con usted y con los demás miembros de la clase. Dedique tiempo a las peticiones

y a los testimonios.

4. Adopte un estilo de enseñanza que fomente la participación. Use con moderación el discurso y la narración. Para enriquecer el aprendizaje y a la vez las relaciones, emplee técnicas como las de pequeños grupos de discusión, pregunta y respuesta, y la indagación e informe.

5. Dentro y fuera del salón de clase, trate respetuosamente a sus alumnos.

6. Desarrolle hábitos para mostrar interés en los alumnos. Recopile información necesaria. Con una tarjeta, una llamada telefónica, un mensaje electrónico, o, mejor aun, su visita conmemore las fechas importantes para sus alumnos.

7. Relaciónese con sus alumnos fuera del salón de clase. Visítelos en la escuela o asista a actividades, como jornadas de atletismo o conciertos. Después de la reunión en la iglesia, invite a la clase a su casa para compartir un postre. Planee actividades de recreación que fomenten las amistades. Invite a la clase a participar en proyectos de servicio y ministerio que den oportunidad a los alumnos de conocerse en otro plano.

8. Procure que los alumnos conozcan tanto a usted, como a su familia, y su vida.

9. En nuestro paso por este mundo, todos dejamos huellas que otros siguen. Procure que sus obras sean dignas de imitar.

10. No tema cariñosamente desafiar a sus alumnos a mejorar, a hacer más, y a descubrir y desarrollar los talentos y dones que han recibido de Dios.

No es posible que un maestro de escuela dominical establezca una cercana relación de mentor con todos sus alumnos. Pero si él quiere, todo alumno tendrá oportunidad de responder. Es posible que todo alumno encuentre por lo menos un maestro que esté dispuesto a ser su sabio consejero, amigo, y guía; que esté dispuesto a ser un mentor.

Conclusión

Es difícil precisar la importancia de un maestro en la vida de un alumno. En 1901, Charlie Rose terminó sus estudios secundarios y se graduó. Nadie podía negar que él era el alumno preferido de la maestra. En el tiempo de la graduación, como editor del anuario y otros lauros, Charlie fue quien dio el discurso de despedida. Durante la graduación, la señorita Brown, maestra de Charlie, lo felicitó solo a él, lo besó en la mejilla, y le dio una rosa.

No es de sorprenderse que los demás alumnos se sintieran decepcionados de no haber recibido un reconocimiento similar. Una delegación de los desencantados alumnos envió un representante a preguntar por qué se los había pasado por alto. La señorita Brown no inquietó. Afirmó que Charlie merecía el reconocimiento, y que si ellos hubieran hecho algo digno de notar también habrían recibido un beso en la mejilla.

Charlie continuó su exitosa vida y finalmente el presidente Harry Truman lo nombró su secretario de prensa. Su primera misión fue portar un mensaje del presidente de los Estados Unidos a la señorita Tillie Brown. El mensaje leía lo que sigue:

Querida señorita Brown:
Acerca del beso que nunca recibí, ¿he hecho algo que me haga merecedor de tal reconocimiento?

Harry S. Truman
Presidente de los Estados Unidos

Truman recibió su beso —el beso que no recibió la noche de la graduación de la escuela de Independence, Missouri; la noche que en que encaró a todos los decepcionados alumnos; la noche que lo desafió a aprovechar su vida.[2]

Notas

[1]Lowell Brown, ed., *Sunday School Standards* [*Normas de la escuela dominical*] (Ventura, Calif.: Gospel Light Publications, 1980), 50-9.

[2]Paul Aurandt, ed., *Paul Harvey's The Rest of the Story* [*El resto de la historia de Paul Harvey*] (New York: Doubleday, 1977), 113, 114.

El maestro de escuela dominical: evangelista y asimilador

Un don nadie llamado Kimball

Edward Kimball era maestro de escuela dominical y le preocupaba uno de sus alumnos que trabajaba en una zapatería. Un día lo visitó en su trabajo y lo encontró poniendo cajas de zapatos en los estantes de la trastienda. Kimball lo condujo a Cristo en ese mismo lugar. Aquel joven alumno, Dwight L. Moody, con el tiempo dejó la zapatería y se convirtió en uno de los más grandes predicadores y evangelistas de todos los tiempos.

Un joven llamado J. Wilbur Chapman asistió a una de las reuniones de Moody en Chicago. El consejo de Moody ayudó al joven a recibir seguridad de su salvación. Después de años, Chapman y Moody se hicieron amigos y trabajaron juntos.

Chapman se convirtió en uno de los más efectivos evangelistas de su tiempo. Un voluntario, Billy Sunday, lo ayudaba a organizar sus reuniones evangelísticas y aprendió a predicar por solo observar. Billy Sunday fue uno de los evangelistas más dinámicos del siglo veinte. En los grandes estadios y recintos públicos del país, por la predicación de Billy Sunday miles de personas vinieron a Cristo.

En 1924, después de una campaña evangelística de Billy Sunday en Carolina del Norte, un comité de cristianos se propuso alcanzar la ciudad para Cristo. El comité invitó al evangelista Mordecai Ham a que en 1934 ministrara en una serie de reuniones evangelísticas. Un desgarbado adolescente se sentó con la multitud cautivado por el predicador de cabello cano que agitaba el dedo para señalarlo solo a él. El adolescente asistió noche tras noche y finalmente fue al altar para entregar su vida a Cristo.

¿Quién era ese adolescente? Billy Graham, el hombre que ha comunicado el evangelio de Cristo a más personas que ningún otro en la historia.[1]

¿Recuerda el inicio de la secuencia? Un "don nadie" llamado Kimball, preocupado por uno de sus alumnos, fue a una zapatería —y con esa simple acción, cambió el mundo. Millones han sido tocados por esa decisión de comunicar el evangelio a una persona. Y millones todavía viven la repercusión de esa sola decisión.

Ahora, en el ocaso de su vida y ministerio, Billy Graham no solo ha visto millones venir a Cristo, también ha establecido una gran asociación evangelística y un centro de preparación para evangelistas en un gran seminario. También ha sido inspiración para muchos pastores, misioneros, y otros evangelistas y los ha ayudado a iniciarse en el ministerio. Ellos son quienes escribirán el siguiente capítulo de la vida de Edward Kimball.

¿Puede algo así suceder hoy? Sí, Dios quiere valerse de nosotros para cambiar el mundo.

Introducción

Edward Kimball inició una reacción en cadena del evangelio y la gracia que todavía reverbera en todo el mundo. No hay que suponer que Kimball entendiera a cabalidad la importancia o el impacto de su simple acción. ¡Qué historia tan conmovedora! Sin embargo no es una historia poco común. A través de los dos mil años de historia de la Iglesia, en cada continente y en diversos idiomas, esa misma historia se ha repetido una y otra vez. El evangelio se ha movido en ondas expansivas cada vez más amplias porque una vida ha tocado a otra y así sucesivamente.

Ese siempre ha sido el plan.

Después de la crucifixión, la muerte, y la resurrección de Cristo, sus discípulos enfrentaron un futuro incierto. Antes de los sucesos de esa pascua, se habían sentido seguros respecto del futuro. Habrían ido con su Maestro a los palacios y a las sedes de gobierno cuando llegara el momento de expulsar a los conquistadores romanos y sus colaboradores. Después de esa pascua no estaban seguros de qué harían. La mayoría, entre ellos Pedro, regresaron a su antigua vida y ocupación. Sin embargo, el Señor Jesús tenía otro plan.

> Pero los once discípulos se fueron a Galilea, al monte donde Jesús les había ordenado. Y cuando le vieron, le adoraron; pero algunos dudaban. Y Jesús se acercó y les habló diciendo: Toda potestad me es dada en el cielo y en la tierra. Por tanto, id, y haced discípulos a todas las naciones, bautizándolos en el nombre del Padre, y del Hijo, y del Espíritu Santo; enseñándoles que guarden todas las cosas que os he mandado; y he aquí yo estoy con vosotros todos los días, hasta el fin del mundo" (Mateo 28:16-20).

Jesús claramente creó un vínculo indestructible entre evangelismo e instrucción. Su propósito fue que en la vida y en el ministerio de la iglesia hubiera un incesante flujo de la proclamación y la conversión a la instrucción, obediencia, e incorporación al cuerpo de Cristo. Evangelismo, instrucción, y asimilación no son funciones separadas; son parte del conjunto y del mismo asunto: el discipulado.

En nuestro tiempo, sin embargo, la iglesia ha desarrollado la tendencia a ver estos como funciones separadas y a segmentar su ministerio en categorías. Se espera que el evangelista entregue sus convertidos al educador y que éste permita que los discípulos se envuelvan en un proceso de asimilación. Puede que esta mentalidad tenga sentido en nuestra sociedad de producción en serie. Pero si la transición se retrasa, si fracasan los responsables de una etapa del proceso, todo el sistema corre serio riesgo de desmoronarse. Aunque esta es una mejor alternativa que no tener plan alguno, este enfoque es muy deficiente.

La historia de los esfuerzos evangelísticos modernos dentro y fuera de la iglesia se han caracterizado por el fracaso. Se informa de las multitudes que se convierten en las campañas evangelísticas que se celebran en las ciudades, pero vemos muy poco crecimiento en las congregaciones. Las personas que llegan a la iglesia por causa de una actividad evangelística, al poco tiempo dejan de asistir. No hay transición de una etapa a otra y dejamos que los nuevos creyentes se nos escapen. No es porque la iglesia tenga falta de interés o porque no trabaje esforzadamente. La falla está en el plan.

El evangelismo sin seguimiento tiene resultados desastrosos para la iglesia. El fin de la iglesia no debe ser el nombre escrito en una tarjeta. Las iglesia, más bien, presenta el evangelio para que las personas se conviertan en devotos seguidores de Cristo y para que sean herederos de la vida eterna. La deserción de los nuevos creyentes es un panorama desmoralizador y que nos debe partir el corazón. Es un doloroso recordatorio del fracaso de la iglesia en el cumplimiento de su propósito de obedecer el mandato de nuestro Señor.

La Iglesia—Alcanzar y conservar

El evangelismo tiene tres dimensiones. *Primero, la iglesia existe para proclamar el evangelio a quienes aún no han creído y guiarlos a Cristo.* Algunos de los pasos esenciales que la iglesia debe dar son hacer ver a los inconversos la necesidad que tienen del Salvador, proclamar claramente la muerte redentora de Cristo y su resurrección, y dar a los no creyentes la oportunidad de recibir la gracia de Cristo a través de la fe. Las campañas, los llamados al altar, y una variedad de actividades evangelísticas son maneras de llevar a cabo esta vital responsabilidad.

Además de patrocinar actividades evangelísticas, la iglesia debe dar testimonio a la comunidad y al mundo. Hay diversas maneras en que la iglesia puede testificar: alimentar al que tiene hambre, proveer vestido y hospedaje a quienes tienen necesidad, visitar a quienes están en la cárcel o a quienes están confinados en su hogar o en un centro de convalecencia.

Una segunda tarea crucial de la iglesia y de sus líderes es preparar a los creyentes para la obra del evangelismo. Los creyentes deben entender que la responsabilidad personal de cada uno es comunicar el evangelio a los que están perdidos y muertos espiritualmente. Se les debe enseñar a respaldar la obra misionera en el país y en el mundo, además del esfuerzo evangelístico de la iglesia local.

Los creyentes deben prepararse para personalmente comunicar el evangelio a la familia, los amigos, los compañeros de trabajo, y otras personas que no conocen a Cristo. La mayoría de quienes han aceptado a Cristo, quieren cumplir esta misión pero no se sienten equipados para hacerlo. La preparación de los creyentes para comunicar efectivamente la fe y guiar a otros a Cristo es vital en el propósito eterno de Dios para la iglesia y el mundo. Cuando la iglesia fracasa en la preparación de los creyentes para el evangelismo, también fracasa en el cumplimiento de la voluntad de Dios y en el cumplimiento de la Gran Comisión.

Finalmente, la tarea de la iglesia está incompleta si no se integra a los nuevos creyentes a la vida y comunión de la iglesia y no se los ayuda a consagrarse completamente a Cristo. *La incorporación, la asimilación, y la instrucción constituyen la tercera dimensión del evangelismo.*

La completa integración al cuerpo local de creyentes es esencial para el crecimiento y desarrollo de los nuevos cristianos. Como el bebé que acaba de nacer, quien acepta al Señor necesita la ayuda, el respaldo, y el alimento que otros pueden proveer. Sin ellos no puede sobrevivir. He aquí la importancia del desarrollo de relaciones y de un sistema de respaldo.

Primero, la asimilación se beneficia del poder de las relaciones. Estas relaciones forman el *sistema de apoyo* esencial para la supervivencia en los inevitables tiempos de prueba y confusión que enfrenta el creyente. Estas relaciones fomentan un sentido de pertenencia. Crean una *familia*. Este sentido de familia, a su vez, da forma al sentimiento de *identidad*. Los nuevos creyentes progresarán de creer que Jesús es el Mesías a simplemente creen en *Jesús*. Esta creencia forma la base del sentido de conciencia personal. Ya no sólo se cree que Jesús es el Cristo, sino que se cree en Él. El creyente es cristiano. Todas las decisiones y acciones fluyen del sentido de conciencia personal.

El proceso de asimilación provee un ambiente para el crecimiento y desarrollo saludables. Cuando hacemos que los creyentes participen en la vida la iglesia, los ayudamos a entrar en la presencia de Dios a través de la adoración en el Espíritu. Escuchan los sermones ungidos por Dios. El estudio sistemático de la Palabra de Dios hace posible el crecimiento y el desarrollo espiritual. Los lazos de compañerismo se fortalecen cuando se recibe amor y atención y se percibe el interés de los demás creyentes. Se cimienta el amor a la iglesia y a sus miembros y la lealtad a la causa de Cristo. Sus raíces están en la iglesia de dónde extrae todo lo que necesita para crecer en la plenitud de Cristo.

Evangelismo, asimilación, y la escuela dominical

Por mucho tiempo ha existido el mito de que la escuela dominical es poco efectiva en la tarea de atraer a los inconversos. Sin embargo, los estudios recientes indican de otra manera:

> Pero nuestros estudios muestran que la escuela dominical ha resurgido en las iglesias más efectivas de América [Estados Unidos]. Además hemos notado . . . que los que antes eran inconversos tienen una actitud positiva respecto de la escuela dominical y se sienten atraídos por ella. En efecto, los que antes eran inconversos con mayor probabilidad participarán activamente en la escuela dominical que aquellos que pasan de una iglesia a otra . . . un antiguo inconverso expresa la opinión de muchos . . .: "Yo soy un nuevo cristiano. Tengo mucho que aprender. ¡Qué mejor lugar para prender que en la comunión con otros cristianos en la clase de escuela dominical?"

Notamos una leve transición de la nomenclatura "escuela

92

dominical"...debido a la percepción de la manera en que se recibe el nombre "escuela dominical". Ninguno de quienes anteriormente eran inconversos expresó preocupación por el nombre.[2]

La escuela dominical ofrece a la iglesia un sistema amplio y cohesivo de asimilación y de instrucción.

La escuela dominical ofrece un núcleo de creyentes bien preparados y motivados que se sienten comprometidos con la vida y el ministerio de la iglesia. No se requiere un gran esfuerzo para que maestros, secretarias, líderes de departamentos y el resto del personal de la escuela dominical enfoquen la necesidad del alcance evangelístico y la asimilación. La escuela dominical ya cuenta con alumnos deseosos de comunicar su fe y que pueden ser desafiados, preparados, y motivados a guiar a Cristo a sus amigos, su familia, sus compañeros de trabajo, y vecinos.

La escuela dominical ofrece un lugar seguro para quienes exploran las cosas de Dios. Debido a que ministra a cada miembro de la familia, la escuela dominical es una puerta abierta a la comunidad. Es una buena manera de alcanzar a los solteros, los ancianos, las madres y padres, y los niños.

La escuela dominical es el lugar natural al que se deben traer las inquietudes acerca de Cristo y sus enseñanzas y que concede la oportunidad de estudiarlas personalmente. Este discipulado previo a la conversión es un paso esencial. La conversión es un proceso que culmina en una acto de compromiso. El maestro de escuela dominical y los alumnos pueden responder preguntas, dilucidar falsas suposiciones, y dar oportunidad para que los alumnos con sinceridad examinen las verdades del evangelio y de su necesidad de Cristo.

Debido a que la escuela dominical es una organización flexible, se puede organizar clases (ministerios) que atiendan las necesidades de los grupos de la comunidad que aún no se han alcanzado. Algunos de estos grupos tienen trasfondo étnico o lingüístico. Cuando se dicta una clase en la lengua de un grupo que no se ha alcanzado (español o lenguaje de señas), se abre una puerta al evangelismo.

Otros grupos tienen como trasfondo común ciertas circunstancias. Otra manera de ministrar a las necesidades y de acoger a los nuevos es ofrecer clases para los estudiantes universitarios, los padres solteros, los nuevos matrimonios, o los que son padre o madre por primera vez. También hay grupos que tienen necesidades específicas. La clase de escuela dominical de corto plazo dirigida a quienes han perdido un ser querido, o a aquellos que acaban de divorciarse, o a los que luchan con algún problema o enfermedad que les controla la vida y que puede tocar a la persona en el momento de mayor receptividad al evangelio y al ministerio de la iglesia.

La escuela dominical bien desarrollada ofrece a la iglesia una efectiva herramienta de evangelismo, seguimiento, y asimilación. Ya cuenta con la estructura organizativa que se necesita para alcanzar efectivamente a los inconversos y atraerlos a la camaradería que une al grupo. Para alcanzar a los inconversos y asimilar a los nuevos creyentes se aconseja tener un buen registro de asistencia, organizar una buena estrategia de contacto, y crear una red de relaciones sociales.

La escuela dominical abre la puerta al evangelismo personal. Los maestros y los alumnos sensibles y preparados para ministrar a los inconversos, tendrán oportunidad de presentar las verdades de Cristo y de esperar una respuesta. Conforme los visitantes establezcan relaciones de amistad con el maestro y los alumnos de la clase, se abrirán más y más a Cristo y abra más probabilidad de que respondan positivamente.

La clase de escuela dominical ofrece un sistema de apoyo para los nuevos creyentes. Muchos nuevos creyentes se levantarán del altar para volver a la familia y a los amigos que no respaldan la decisión que han hecho o que pueden mostrar hostilidad ante ella. La red de compasivos e interesados amigos de la escuela dominical pueden ayudarlo a superar esos duros momentos y estabilizarse en la fe. La estructura de la escuela dominical puede asegurar que los nuevos creyentes recibirán atención.

La escuela dominical es el lugar más lógico para que los miembros de la iglesia reciban preparación y sean desafiados con la necesidad del evangelismo, de la asimilación, y del ministerio activo. En una clase de escuela dominical, los miembros de la iglesia pueden adquirir las habilidades necesarias para alcanzar a los inconversos y además ponerlas en práctica. Los líderes de la escuela dominical pueden hacer participar y también desafiar a maestros, administradores, y demás personal con la importancia de su ministerio y explicar que su labor es importante para alcanzar con el evangelio a la comunidad.

La escuela dominical puede ser un factor de crecimiento para la iglesia porque puede organizar nuevas unidades (clases). Conforme crece, la escuela dominical puede añadir nuevas clases en torno a asuntos especializados dentro de su misma estructura. Así se da oportunidad a los visitantes y a los nuevos creyentes. Las nuevas clases tienden a crecer con mayor rapidez. Las clases que ya han operado durante cierto tiempo han tenido su tiempo de crecimiento y después tienen menos probabilidad de incorporar visitantes o nuevos creyentes. No obstante las nuevas clases están abiertas a alcanzar y asimilar a los que llegan a la iglesia.

Finalmente, la escuela dominical puede asegurar que todos tengan un lugar y que todos estén en su lugar. Las personas más fácilmente se sienten parte de una clase que de la iglesia en general. La escuela dominical también ofrece oportunidades de servicio y participación en la clase y en la iglesia. Parte esencial de la pertenencia es el sentimiento de que uno aporta y de que se lo considera un valioso miembro del "equipo". La escuela dominical ofrece posiciones de servicio para personas que se encuentra en diversos niveles de desarrollo espiritual, y que tienen diversos dones, habilidades, y llamados.

Sin embargo, la mayoría de las escuelas dominicales enfocan internamente su labor y se ocupan principalmente de las necesidades de los que ya son de la iglesia. ¿Qué se debe hacer para que una escuela dominical con "enfoque interno" se convierta en una con "enfoque externo" que tiene por meta alcanzar al mundo para Cristo? La iglesia y la escuela dominical cuyo paradigma de ministerio ha sido la satisfacción de sus propias necesidades, ¿cómo puede convertirse en una que satisface las necesidades de aquellos que aún no son parte de la congregación?

Liderazgo

Los líderes deben articular una clara visión de la escuela dominical como un ministerio de evangelismo y asimilación, no solo de instrucción. Muchas escuelas dominicales no se han ocupado en la tarea de alcanzar a los perdidos porque no consideran el evangelismo su propósito y responsabilidad. Según el concepto de muchos, la escuela dominical existe solo para enseñar a los creyentes. En algunos círculos se rechaza la idea del evangelismo a través de la escuela dominical. Algunos creyentes no ven con buenos ojos la interacción que sus hijos, los jóvenes, inclusive ellos mismos puedan tener con los inconversos. La iglesia es el refugio del mundo, en vez de ser el vehículo para alcanzarlo. Por eso, los líderes deben presentar una visión clara y deben dirigir por el ejemplo.

Los líderes pueden asegurar que se establezcan los fundamentos de organización y de estructuras. Es importante que el personal de la escuela dominical se haga responsable de mantener buenos sistemas de recopilación y almacenaje de información y de operar según métodos de seguimiento claramente establecidos. Sin ellos no habrá evangelismo ni asimilación efectivos.

Los líderes pueden preparar o facilitar la preparación de maestros. Ellos deben dar a los maestros las habilidades que necesitan para presentar el evangelio con precisión y de manera consecuente con las destrezas y necesidades de su clase. Deben ayudar a sus colaboradores en la escuela dominical a entender que su responsabilidad, cual sea, se relaciona con el evangelismo y la asimilación.

Los líderes pueden propiciar y patrocinar actividades que tienen como fin el alcance de otros para Cristo, y ayudar al equipo de trabajo a entender y aprovechar al máximo el potencial evangelístico de cada oportunidad. Las presentaciones navideñas de la escuela dominical, por ejemplo, no son solo hermosos programas para divertir a los adultos. Son una oportunidad de alcanzar familias, amigos, y vecinos inconversos. El día de campo de la escuela dominical es más que salchichas a la parrilla o niños bronceados por el sol. Es una oportunidad de invitar amigos y familiares inconversos, conocerlos, y alcanzarlos con el amor de Cristo.

Finalmente, los líderes pueden celebrar las victorias. El testimonio de las personas que han conocido a Cristo a través del ministerio es una excelente manera de reconocer el buen trabajo de los obreros y colaboradores de la escuela dominical. Tal reconocimiento, cuando se expresa en el momento adecuado, motiva y desafía a todo miembro de la iglesia a alcanzar a quienes no conocen a Cristo.

Organización y estructura

La organización de la escuela dominical se presta espontáneamente al alcance y a la asimilación, pero hay algunas medidas que se pueden tomar para mejorar su efectividad.

Principalmente, la escuela dominical se debe reorganizar de modo que pase de una perspectiva de "mantenimiento" a una de "crecimiento". Las clases alcanzan un cierto nivel de crecimiento, se estabilizan, y dejan de crecer. Si una clase tiene más alumnos de los que el maestro puede atender, éste tal vez no se esforzará para captar visitantes o nuevos creyentes. Si el salón es muy pequeño, o no quedan sillas vacías, o no hay lugar en la mesa, es probable que los visitantes o los nuevos alumnos no regresen a la clase. La clase que se mantiene con el potencial de aumentar de tamaño contribuye al crecimiento de la escuela dominical.

El cumplimiento de esta meta requiere de varios pasos. Primero, se debe mantener un registro fiel de la clase, que sea además analizado y evaluado. Sin el registro no hay manera segura de saber si la clase ha alcanzado su potencial de crecimiento. Segundo, para aprovechar el impulso de crecimiento, el líder debe organizar nuevas clases. Si la escuela dominical crece, la clase crecerá hasta alcanzar su tamaño óptimo. En ese momento, se debe iniciar nuevamente el proceso para crear una nueva clase.

El proceso de creación de nuevas clases requiere que se reclute maestros y ayudantes antes de que se necesiten. Es imposible crear una clase si no se cuenta con un maestro. Se debe revisar los registros de escuela dominical para organizar nuevas clases en el nivel que más lo necesite. Una simple manera de hacerlo es por identificar el mes con el más alto promedio de asistencia. En muchas iglesias, esto sucede el domingo antes de la Pascua. Una vez que se ha determinado cuál es ese domingo, se puede revisar la tabla de proporción de cantidad de alumnos por maestro para determinar cuántas clases se deben crear. Así se determina cuántos maestros y obreros se necesita reclutar y preparar para atender las nuevas unidades. Si se realiza la evaluación durante el primer trimestre del año, se puede promover alumnos en el tercer trimestre y los líderes tendrán suficiente tiempo para preparar maestros e implementar el plan.

La comprensión de la necesidad y la preparación del personal es solo parte de la batalla. Los líderes deben también aprovechar al máximo el espacio físico y deben evaluarlo considerando la cantidad que necesita cada alumno. Esto varía según la edad del grupo. Se debe asignar espacio de manera que se aproveche al máximo el edificio. Casi siempre se asigna salones sin tener en cuenta estas consideraciones sino guiados por la tradición o la conveniencia. Con el fin de satisfacer las necesidades de la escuela dominical y de la iglesia revise el uso del edificio por lo menos una vez al año.

Explore la posibilidad de convertir en salón de clase un espacio que tradicionalmente tiene otro fin. Aproveche el comedor de la iglesia y ponga unas cuantas clases que funcionen de manera simultánea. Puede ubicar clases pequeñas en las oficinas o en la cocina de la iglesia. También en el santuario se puede ubicar más de una clase (en los asientos del coro, en el balcón, en los asientos de la planta baja). ¿Se puede usar la antesala de la iglesia? Una clase de adultos puede reunirse en la antesala y dar utilidad a este espacio que por lo general no tiene uso alguno. Además puede animar a los alumnos a llegar a la hora. Considere también el uso de lugares de reunión fuera de las paredes de la iglesia. Indague la posibilidad de reunirse en un salón privado de un restaurante, en una escuela, o en un local comercial. ¿Ha considerado si es posible usar el subterráneo o la sala de estar de la casa anexo a la iglesia? Si el grupo se reúne en un lugar fuera del templo es importante que se respeten los horarios. Comience un poco más tarde y termine antes para que los alumnos puedan volver a la iglesia.

La organización de nuevas clases para alcanzar nuevos grupos en la comunidad requiere un procedimiento similar. El líder de la escuela dominical debe estar consciente de los grupos de la comunidad que se necesita alcanzar. Deben determinar cuál de ellos responderá con mayor probabilidad al ministerio de la iglesia y cuál puede alcanzar. Después vendrá el reclutamiento de líderes, la asignación de espacio, y la incorporación del nuevo ministerio a la escuela dominical. Cuando comienza la nueva clase, los líderes deben asegurar que los miembros de la iglesia estén informados para que ayuden a promoverla en la comunidad. Finalmente, haga todo lo necesario para que los visitantes se sientan acogidos.

Use el sistema de registro de asistencia de la iglesia. Inscriba en su lista de escuela dominical todo visitante que se muestre dispuesto a seguir asistiendo y que no sea miembro activo de otra congregación. Ellos son los posibles alumnos y el maestro tiene la responsabilidad de alcanzarlos. El seguimiento de quienes se ausentan de la clase es una buena manera de llegar a ellos con el evangelio. No se apresure en eliminar nombres de la lista; probablemente nunca tendrá oportunidad de alcanzar a esa persona para el Señor.

¿Cuándo es aconsejable eliminar un nombre de la lista de la escuela dominical? Tal medida se aplica cuando la persona se ha hecho miembro de otra congregación, si se ha mudado fuera del área de ministerio de la iglesia, si ella misma solicita que se la excluya de la lista, o si fallece. De otro modo, conserve los nombres en la lista, ore por ellos, y procure mantener la comunicación.

Procure contar con un sistema de dar la bienvenida a los visitantes. Cada domingo antes de la escuela dominical y del tiempo de adoración debe haber un portero o ujieres que con amabilidad guíen a los visitantes a la clase que corresponde y los presenten al maestro de la clase y a los alumnos. Explique a los padres cuál es el programa y dónde pueden encontrarse con sus hijos; esta es otra manera de satisfacer las necesidades de los visitantes.

La iglesia no tiene una segunda oportunidad de causar una buena impresión. Y las primeras impresiones son perdurables. Si quien va a la iglesia por primera vez se siente acogido y bien atendido desde el principio, habrá mayor probabilidad de que se muestre receptivo al ministerio de la iglesia y al evangelio.

La vanguardia del evangelismo y de la asimilación: el maestro de escuela dominical

El maestro es la vanguardia del evangelismo y de la asimilación en la escuela dominical. Él es la fuente del buen éxito o del fracaso. No hay reestructuración o reorganización que pruebe su efectividad si el maestro no alcanza a los alumnos de su clase, a los visitantes, o a los posibles miembros. Este puede dar algunos pasos prácticos para realizar una más efectiva labor de evangelista.

Debe considerar que su trabajo no sólo consiste en comunicar la verdad de Dios, sino en ser testigo de su gracia redentora. Todo creyente es responsable de hacer lo que puede para alcanzar a los pecadores. La aceptación de esta tarea es el primer paso ineludible.

El maestro debe prepararse para guiar otros a Cristo. Es importante que desarrolle una disciplina de oración, que pida a Dios oportunidades de presentar el evangelio, y que busque su sabiduría y su dirección. Guiar una persona a Cristo es una victoria espiritual, una batalla que se conquiste de rodillas antes de hacerlo en el corazón del individuo. El maestro también debe aprender a comunicar el plan de salvación de manera consecuente con las necesidades y el desarrollo de sus alumnos. Los niños siempre están muy abiertos al evangelio. La verdad es que la mayoría de las personas que vienen a Cristo lo hacen como niños. No obstante el mensaje de salvación se debe presentar con palabras que ellos puedan entender y a las que puedan responder. El inconverso adolescente y el adulto presentan un desafío similar. Generalmente desconocen la jerga religiosa, por lo tanto se debe dedicar tiempo a la preparación de un mensaje en palabras de comprensión general.

El maestro debe establecer varias metas personales para alcanzar a otros.

1. Comunicarse constantemente con los alumnos que faltan a la

clase y con aquellos podrían ser parte del grupo con el fin de guiarlos a Cristo y que se conviertan en miembros activos en la vida de la iglesia.

2. Preguntar personalmente a cada alumno si quiere aceptar a Cristo como Salvador.

3. Dedicar tiempo de la clase para que los alumnos comprometan su vida al Señor. El llamado al altar debe ser un elemento siempre presente en la clase.

4. Mantener un registro de los alumnos. En la parábola de Jesús, el buen pastor no sólo sabía cuando faltaba una oveja sino que sabía dónde encontrarla. El maestro de escuela dominical también debe ir y buscar a los alumnos que se han desviado. Si el maestro no va, ¿quién lo hará?

5. Planear actividades que den oportunidad a los alumnos de invitar a la escuela dominical a sus familiares y amigos inconversos.

6. Presentar constantemente las necesidades de quienes no han aceptado a Cristo y el deber de los creyentes de alcanzarlos.

7. Crear una lista personal de oración de miembros de la clase que no han aceptado a Cristo, visitantes, y de los que consideran unirse a la clase. Dé a los alumnos oportunidad de añadir a la lista a sus familiares y amigos inconversos. Y ore.

Los maestros necesitan respaldar con entusiasmo el esfuerzo evangelístico de la escuela dominical y de la iglesia. El compromiso personal con la obra evangelística y la participación en ella es responsabilidad del maestro de escuela dominical, aun cuando tal esfuerzo resulte en inconveniencias. Un maestro, por ejemplo, tiene que dejar su cómodo salón de clase y mudarse a uno más pequeño para que la iglesia pueda obtener mayor provecho de ese espacio. O tal vez un maestro debe dejar que sus más fieles alumnos dejen la clase cuando se organiza una nueva unidad de estudio. El maestro muestra madurez espiritual cuando enfrenta esas circunstancias con gracia y la firme resolución de cumplir la Gran Comisión de nuestro Señor.

Los maestros de escuela dominical deben equipar a sus alumnos para los desafíos del evangelismo. El desarrollo de las habilidades y la sensibilidad respecto del evangelismo comienza con el ejemplo del maestro y se extiende a la instrucción específica y la práctica. La meta del maestro debe ser no solo ver que sus alumnos crecen en su relación con Cristo, sino también equiparlos para realizar su obra en el mundo. Los alumnos deben sentirse motivados a identificar en su círculo de amistades a quienes se muestren más sensibles al evangelio.

Conclusión

¿Cuándo su iglesia dejó de creer que la escuela dominical es el lugar en que los inconversos pueden escuchar las enseñanzas acerca de Cristo y donde pueden entregar su vida a Él?

No sé, pero lamento que haya sucedido.

Cuando muchas iglesias se han estancado o han comenzado a declinar, recurrir a la escuela dominical como medio de evangelismo y asimilación es verdaderamente "despertar el gigante dormido". No nos engañemos, este gigante está realmente dormido y se necesitará más que un remezón para despertarlo y enviarlo a la batalla. Pero se puede hacer.

No importa el tamaño, no hay congregación que sobreviva si no extiende su ministerio a quienes no ha alcanzado, los ve convertirse en un miembro activo de la iglesia, y los ayuda a crecer como devotos seguidores de Cristo. Algunos morirán más rápido que otros.

Epílogo

Ella era una niña que vivá en un sector humilde de la cuidad. La familia luchaba por sobrevivir a la pobreza de la Gran Depresión. El padre era un alcohólico empedernido con un serio impedimento en el habla. Él culpaba a Dios de la miseria de su vida. Pero era también un padre de familia honrado y trabajador, que había superado extraordinarios obstáculos en su propia vida.

Cuando la niña tenía tres años, unos vecinos la invitaron a la escuela dominical. Durante dos años los vecinos fielmente la llevaron a la iglesia. Cuando cumplió cinco años, la familia se mudó del lugar y no tenía manera de llegar a la escuela dominical. Tenía ocho años, cuando la familia se mudó cerca de la iglesia y ella pudo asistir a la escuela dominical. A veces, cuando llovía o nevaba, las familias que viajaban en automóvil se ofrecían para llevarla. A veces no sucedía. Pero ella siempre iba.

En una escuela dominical en aquella pequeña iglesia de campo, un maestro la condujo a Cristo. Otra maestra se convirtió en algo parecido a una madre sustituta que le enseñó cómo es una mujer, esposa, y madre cristiana. Ella fue la primera en la familia que completó sus estudios secundarios y que se graduó. Contrajo matrimonio con un hombre cristiano y tuvo cinco hijos. Todos han aceptado a Cristo y dos son ministros a tiempo completo. Todos los nietos son creyentes y también dos de ellos se han dedicado al ministerio.

Una calurosa noche de verano, cuando su padre había cumplido más de setenta años de edad, ello lo observó desde el jardín que separaba las dos casas. Él caminó hasta la entrada de la casa de su hija. Vestía su pantalón de trabajo de mezclilla, botas, y su sombrero de paja manchado por el sudor. "Hola, papi", lo saludó. El hombre corpulento, canoso, y anciano se paró a la entrada de la casa con la vista hacia el piso. Finalmente, levantó la mirada. "Madelyn", me dijo, "quiero que me hables de ese Jesús del que habla el predicador Graham". Aparentemente esa noche había visto en la televisión una campaña evangelística de Billy Graham. Esa noche, la hija guió a su padre a Cristo, mientras el hijo adolescente de ella miraba desde la puerta de la sala.

Veinte años más tarde, el anciano yacía moribundo en un lecho de hospital y junto a él estaba su nieto. Conversaban y el anciano estrechaba con fuerza la mano del joven. El nieto, que ahora era pastor, muchas veces había ministrado a personas agonizantes y a la familia, pero nunca había vivido la partida de uno de sus seres queridos. "¿Estás bien, abuelo?", preguntó.

"Sí. Sé dónde voy. Por favor, ora por mis hijos", respondió el anciano.

Esta fue la última petición del abuelo. Una hora más tarde había muerto con la certeza del lugar donde iba y en paz consigo mismo y con Dios.

Esta historia realmente sucedió. Ese noche de verano fui testigo del momento en que mi madre guió a mi abuelo a Cristo. Nunca lo olvidaré. El día que murió, vi la profunda serenidad en su mirada y su voz me inspiró paz y me consoló. Estoy en deuda con mi maestro Edward Kimball, cuyo ministerio con el tiempo me alcanzó a través de la predicación de Billy Graham y de la salvación de mi abuelo. Estoy en deuda con un anónimo maestro de escuela dominical que cada semana llevaba a la iglesia a una indefensa niña cuyo padre era el bebedor del pueblo. Estoy en deuda con Edie Robinson, una menuda maestra de escuela dominical que se responsabilizó de mi madre, le abrió su hogar, y le enseñó lo que significa ser mujer, esposa, y madre cristiana. Estoy en deuda con mis padres que nos criaron con la costumbre de ir fielmente a la escuela dominical. Estoy en deuda con aquellos extraordinarios maestros que me soportaron, me enseñaron, y me dieron vida y ministerio.

El último pensamiento en la mente de mi abuelo antes de morir fueron sus "muchachos". Mi madre tiene siete hermanos y dos hermanas. Cuando mi abuelo falleció, lo sobrevivieron cinco hijos, ninguno de ellos había aceptado al Señor. No hubo maestro de escuela dominical que tocara la vida de ellos. Nadie los alcanzó. Crecieron y se convirtieron en hombres trabajadores y honrados, pero sin Cristo. ¿Quién fue el "Edward Kimball" de ellos?

Todavía intercedo por los hijos de mi abuelo.

Notas

[1]"Who led Billy Graham to Christ and was it part of a chain of conversions going back to Dwight L. Moody? [¿Quién guió a Billy Graham a Cristo y fue parte de una cadena de conversiones que comenzaron con Dwight L. Moody?]", www.wheaton.edu/bgc/archives/faq/13.htm

[2]Thorn S. Rainer, Surprising Insights from the Unchurched and Proven Ways to Reach Them [Sorprendentes impresiones de los inconversos y probadas maneras de alcanzarlos] (Grand Rapids, Mich.: Zondervan Publishing Company, 2001), 47.

El maestro de escuela dominical: constructor y puente

El árbol

No podía creer lo que veía. De todos los árboles y de todos los días, tenía que ser ese árbol y ese día.

Era campamento de verano, y en la playa cincuenta niñas empapadas y temblorosas esperaban apiñadas la siguiente actividad. Cincuenta muchachos bulliciosos corrían, se empujaban, y jugueteaban bajo el candente sol camino a la playa. En el mismo centro, el administrador del campamento y el equipo de mantenimiento cortaban un árbol. No había manera segura de hacer que las niñas volvieran de la playa y que los muchachos fueran a ella.

Hombres armados con sierras eléctricas habían trepado al árbol y habían comenzado a despojarlo de sus ramas. Con todas sus fuerzas, gritó para que su voz no fuera apagada por el ruido de las sierras; finalmente pudo llamar la atención del personal de mantenimiento. "¡Tomás!, ¿tienen que cortar el árbol ahora? Tengo niños en la playa."

Los hombres en lo alto del árbol buscaron un lugar donde sentarse a esperar, los que estaban abajo descansaron mientras las niñas salían de la playa y los muchachos iban a otro lugar. En ese momento, el árbol cautivó su atención. Era grande, frondoso, y se veía muy saludable. El tronco era tan grueso que no podía rodearlo con los brazos. Él no veía razón de que lo cortaran.

"¿Por qué cortan este árbol?", preguntó a los hombres.

"Si no lo hacemos, la próxima tormenta lo hará y caerá en la sala del vecino", dijo Tom señalando una de las casas de veraneo.

"¿Estás bromeando? Este árbol se ve perfectamente bien."

"Está infestado de hormigas carpinteras. Se comen el interior del árbol. Por eso tenemos que derribarlo." Tomás siempre era un tanto parco en el hablar, más cuando se sentía desafiado.

Dio un paso atrás y observó el trabajo. Los hombres que estaban en el árbol hicieron arrancar los motores y las sierras nuevamente estaban preparadas para continuar su misión. Cuando terminaron de cortar las ramas, con la ayuda de los hombres que esperaban abajo, ataron las cuerdas al árbol. Una vez que todo estuvo preparado, la sierra de Tomás comenzó a herir el tronco del árbol. En el momento preciso el equipo de trabajadores haló las cuerdas, el árbol se inclinó y se escuchó un crujido, finalmente el árbol se quebró y con un ruido seco calló al suelo. Cuando el árbol golpeó el suelo, el tronco se partió. El centro del árbol se veía completamente corroído. Lo único que quedaba era aserrín, una circunferencia de madera cubierta de corteza, y un centenar de hormigas carpinteras. Toda la buena madera y la fuerza del árbol habían desaparecido.

"No le dije . . . hormigas carpinteras . . . teníamos que derribarlo . . . no había manera de que lo salváramos", dijo Tomás, mientras con una sonrisa de satisfacción se alejaba del lugar. Puso la sierra en la parte trasera de su vehículo y después se dirigió a su oficina.

Los trabajadores comenzaron a despejar el lugar. Nuevamente se oyó el rugido de las sierras y los hombres reanudaron su trabajo entre conversación y risas. Mientras el aire se impregnaba del olor del aserrín, él, parado sobre el "cadáver hueco", pensó cómo era posible que un árbol que se veía tan grande y fuerte estuviera tan dañado y débil.

La respuesta está en la naturaleza del árbol. La savia, la sangre del árbol, circula de la raíz a las ramas y pasa a través de una capa porosa entre la corteza y el núcleo del árbol. Cada año esa capa porosa se convierte en madera sólida y crea un nuevo anillo y se forma otra capa porosa. Sin embargo la fuerza del árbol no está en la savia, sino en la madera sólida del árbol, el núcleo. Ese árbol había muerto lentamente, de adentro hacia fuera. Antes de que fuera evidente que había un problema, el árbol había perdido el vigor. Aunque se veía fuerte y saludable, no habría soportado la menor tormenta.

Mientras los hombres con las sierras despedazaban el tronco y con el pie removían el aserrín, pensé que había una gran semejanza entre algunas iglesias y ese árbol. Se ven bien en el exterior, pero están vacías por dentro.

Verdadera fortaleza

Lamentablemente, algunas iglesias que se ven fuertes y sólidas, realmente están enfermas y débiles. Por fuera se ven saludables y llenas de vitalidad. Los edificios están limpios y en buen estado. La adoración es viva y dinámica. El predicador es un gran comunicador. Los ujieres sonríen y estrechan la mano de todos los que entran al edificio. Los miembros parecen interesarse en los demás y ocuparse de satisfacer las necesidades. Cuenta con un calendario lleno de actividades para niños, jóvenes, y adultos. Respalda la obra misionera y con orgullo exhibe la fotografía de las familias misioneras alrededor de un mapamundi con delgadas cintas que la conecta al lugar en que sirve. Paga sus deudas, respalda la denominación, y tiene buena fama en la ciudad. Aun tiene una estantería de trofeos en que se exhibe placas, copas, y certificados, que son testimonio de glorias pasadas.

Sin embargo, lo que se ve no siempre corresponde a la realidad, aun en la iglesia.

La fuerza verdadera se encuentra en el sueño y en la meta de cada iglesia y de sus líderes. Pero esto no es algo que ocurre espontáneamente. El apóstol Pablo nos da algunas vislumbres para reconocer una iglesia firme. Él explica que la iglesia, más que una organización, es un organismo, como el árbol. Para referirse a la iglesia Pablo usa la imagen de un cuerpo con sus miembros y la cabeza que es Cristo.

> Porque así como el cuerpo es uno, y tiene muchos miembros, pero todos los miembros del cuerpo, siendo muchos, son un solo cuerpo, así también Cristo. Porque por un solo Espíritu fuimos todos bautizados en un cuerpo, sean judíos o griegos, sean esclavos o libres; y a todos se nos dio a beber de un mismo Espíritu . . . Mas ahora Dios ha colocado los miembros cada uno de ellos en el cuerpo, como él quiso (1 Corintios 12:12,13,18).

> Y él es la cabeza del cuerpo que es la iglesia, él que es el principio, el primogénito de entre los muertos, para que en todo tenga la preeminencia (Colosenses 1:18).

> Sino que siguiendo la verdad en amor, crezcamos en todo en aquel que es la cabeza, esto es, Cristo, de quien todo el cuerpo, bien concertado y unido entre sí por todas las coyunturas que se ayudan mutuamente, según la actividad propia de cada miembro, recibe su crecimiento para ir edificándose en amor (Efesios 4:15,16).

Como el cuerpo humano, la iglesia es un complejo sistema formado de partes individuales que se conecta y dependen una de la otra. Primera de Corintios 12 describe la naturaleza de la iglesia.

1. La iglesia es diversa. Esta formada de una diversidad de personas que cumplen diversas funciones en el cuerpo.
2. Dios ha dado diversos dones a los miembros del cuerpo con el fin de que cumplan su misión. En este soberano acto de gracia, Dios da a las personas los dones que Él determina.
3. Según su voluntad Dios ubica en el cuerpo a los creyentes y sus dones porque su propósito es el funcionamiento y el crecimiento saludables del cuerpo.
4. Los miembros deben trabajar como una unidad. Cada uno respalda al resto del cuerpo y provee a sus necesidades.
5. Dios da dones a los creyentes "para el beneficio de todos". Estos dones no tienen como fin la exaltación personal, sino la

edificación colectiva.

6. No hay individuo ni ministerio que sea más importante que los demás. Aunque algunos ministerios son más notables o reciben mayor atención, no por ello son más importantes que los demás.

7. Cristo es la cabeza. Como señal de obediencia a Cristo, con buen espíritu todos deben obrar conforme el interés del grupo, someterse unos a otros, apoyarse, y proveer a las necesidades del cuerpo en general.

El supremo cometido de la iglesia es la unidad, la sumisión mutua, y el apoyo. En una iglesia saludable y eficaz, los miembros y ministros no obran en función de intereses egoístas, sino según el interés general. Someten sus deseos al bien mayor. No buscan obtener lo que quieren, sino que procuran que se cumpla la voluntad de Dios para la iglesia y la vida de cada persona. Así fue como Pablo instruyó a los creyentes en la epístola a los Filipenses: "No mirando cada uno por lo suyo propio, sino cada cual también por lo de los otros" (2:4).

Una iglesia local no puede cumplir el potencial que Dios le ha dado, si los miembros del cuerpo no funcionan según la descripción del apóstol Pablo. Es posible tener algo parecido a una gran congregación con buen éxito financiero pero sin unidad. Sin embargo, ni el edificio, ni el presupuesto, ni tampoco las personas son la norma de efectividad en el ministerio. Una iglesia verdaderamente eficaz sale airosa de la prueba de la unidad.

Pablo incluyó la discordia en la lista de "las obras de la carne" (Gálatas 5:19-21). Dios no ha considerado en su plan la rivalidad entre creyentes y ministerios. La iglesia no crece ni prospera. Más aun, no glorifica a Dios ni edifica su reino.

La unidad en misión, visión, propósito, y ministerio es una meta difícil que pocos se proponen alcanzar y menos aun la obtienen. Sin embargo, esta es la fuente de fortaleza de la iglesia.

Fortalezcamos el cuerpo

La fuerza y la unidad del cuerpo se obtienen a través del evangelismo y la asimilación, la visión y el propósito, el ministerio y el servicio.

Fuerza a través del evangelismo y la asimilación

La eficaz relación entre comunidad e iglesia fortalece numéricamente el cuerpo. Cuando el mensaje del evangelio corre por el puente que une la iglesia con la comunidad, los individuos que alcanza cruzan ese mismo puente para entrar en la vida y ministerio de la iglesia. El establecimiento de esta comunicación en ambos sentidos es la única manera en que una iglesia puede verdaderamente cambiar su mundo y sumar nuevos creyentes a sus filas. Estos nuevos creyentes se convierten en canales del evangelio a sus familiares, amistades, y vecinos y el mensaje alcanza lugares a los que nunca había llegado.

Pero esto no es todo lo que los nuevos en la iglesia hacen por ella. También aportan con su tesoro, el respaldo financiero para los ministerios de la iglesia. Enriquecen la vida de la iglesia con talentos, dones, y habilidades. Finalmente, aportan tiempo. Eventualmente, estos nuevos miembros se unirán a los antiguos y se entregarán al servicio de la causa de Cristo.

Fuerza a través de la visión y del propósito

Cuando los líderes comunican la visión y sirven con los talentos que han recibido de Dios, el cuerpo se fortalece y se une en fe, conocimiento, y amor. Cuando los creyentes entienden la visión y el propósito y se adhieren a ellas, la energía, la creatividad, y los recursos de ellos pueden enfocarse en el cumplimiento de la misma meta.

El propósito colectivo y el destino unen a los creyentes. En tiempo de prueba o persecución, la visión y el propósito dan energía a la iglesia y ayudan a los creyentes a enfrentar difíciles desafíos. Cuando los conflictos internos y la discordia amenazan la unidad de la iglesia, este sentido de visión y de propósito ayuda a los creyentes a levantarse por encima de las diferencias y a alcanzar a los moribundos y a los perdidos de este mundo. La visión y el propósito fomentan una profunda lealtad entre los creyentes y sus líderes. Finalmente, cuando el líder comunica la visión y el propósito, los creyentes desarrollan un sentido de identidad que convierte los "yo" de la iglesia en "nosotros".

Fuerza a través del ministerio eficaz y del servicio

El ministerio eficaz que atiende las necesidades del cuerpo y de sus miembros fortalece el cuerpo y ayuda a los creyentes a crecer en su compromiso con Cristo. El ministerio ayuda a los creyentes a enfrentar las luchas y los desafíos de la vida cristiana, y la iglesia puede gozar de buena salud. El ministerio y el servicio deben ir más allá de las paredes de la iglesia con el fin de alcanzar la vida de los que se pierden.

Los creyentes deben encontrar su verdadero propósito y realización en el ministerio y en el servicio a Cristo y a los demás. Todos los creyentes hemos recibido dones y hemos sido llamados al ministerio; no obstante, quienes se resisten al llamado nunca gozarán la realización de la obediencia. El llamado a servir con gozo y buena disposición es el corazón del evangelio y la única y verdadera medida de grandeza espiritual. En nuestro servicio a Dios encontramos fortaleza espiritual. En nuestro servicio a los demás, se fortalecen los lazos de amor y lealtad. Y en nuestro servicio al mundo, el corazón y los oídos de los inconversos se abren al mensaje del evangelio.

El servicio conforme el modelo de Cristo no demanda reconocimiento ni tributo y nunca pasa por alto la oportunidad de reconocer y ponderar el ministerio de otros. Da con liberalidad, sin esperar retribución. Este servicio no mantiene un registro de lo que hace. No le preocupa la cantidad, sino cómo puede hacer más y mejor. Fluye generosamente del corazón agradecido a aquellos que han recibido gratuitamente las riquezas de Cristo y han contraído una deuda que no pueden pagar. Es benigno, no es injusto ni controlador. No humilla sino que enaltece a los demás. Es servicio como el mundo no conoce, porque fluye del corazón de Dios.

Elementos esenciales

Este tipo de fortaleza requiere dos elementos clave.

Infraestructura

Infraestructura es la colección de los componentes necesarios para realizar cualquier tarea. Se requiere infraestructura para trasladar el producto de la tierra a los mostradores del supermercado y finalmente a la mesa del consumidor. Después de la cosecha, se debe trasladar los tomates a la planta de procesamiento, donde alguien los inspeccionará, los lavará, y los embalará para la venta. Después se los transporta al mercado y se los pone en un mostrador para que los clientes los vean, los palpen, los huelan, y los compren. Finalmente, serán transportados del mercado al hogar del cliente. Temporalmente esperaran en el refrigerador antes de convertirse en ensalada.

La persona en el campo que cosechó el tomate, el vehículo que lo trasladó a la planta de procesamiento, el camino y los puentes que recorrió el vehículo, la planta de procesamiento y los trabajadores, la empresa que fabricó el material de embalaje, el mercado, el mostrador, el carro de compras, el vehículo en que el consumidor viaja a casa, el refrigerador, etc., etc., etc., . . . todo es infraestructura.

Toda iglesia necesita infraestructura para ser eficaz. La infraestructura es la gama de personas y procesos que se requieren para llevar a cabo cualquier tarea. Considere la infraestructura que se requiere para dar la bienvenida a la iglesia a una persona que la visita por primera vez. He aquí algunos de los elementos: instrucciones claras para llegar a la iglesia, espacio para visitantes en la plaza de estacionamiento de la iglesia, personas en la entrada que saluden a los que llegan, ujieres serviciales, boletín de la iglesia y material informativo para los visitantes, tarjetas de registro de los visitantes, personal que durante la semana se comunique con los visitantes. Todo es infraestructura y es importante.

Puentes

Los puentes hacen posible lo que es imposible o facilitan lo difícil de realizar. Las personas, los bienes, y las ideas pueden fluir a través de puentes. Literalmente, los puentes atraviesan masas de agua o profundos abismos. Figuradamente, atraviesan barreras invisibles que separan a las personas y las comunidades. Un puente puede unir personas y comunidades dispares y puede fomentar un sentimiento de unidad y destino común. Sin puentes la gente no se puede conocer, ni establecer relaciones, ni desarrollar una identidad común, ni trabajar juntos por el bien de todos.

Las iglesias necesitan construir diversas clases de puentes. Se debe edificar uno que *conecte* la *iglesia* con la *comunidad*, de lo contrario el mensaje del evangelio no sale y las personas que buscan una nueva vida en Cristo no pueden entrar. Los ministerios que edifican estos puentes son necesarios para el crecimiento de la iglesia e indispensables si se quiere influir en la cultura y en la sociedad.

Debe haber un puente entre los *líderes de la iglesia* y la *gente*. Sin esa conexión los líderes no pueden comunicar misión, visión, ni dirección, y el pueblo no puede aportar dones, talentos, ideas, y sabiduría, ni puede expresar sus necesidades y preocupaciones. Los líderes no pueden aprovechar la energía y las habilidades de sus colaboradores e invertirlos para el beneficio del Reino, y las personas no pueden realizar el llamado de Dios al servicio.

Se necesita puentes de relación entre los *miembros de la iglesia, los creyentes que asisten a otra congregación, y los que habitan en otros lugares del mundo.* La iglesia no puede fortalecerse si solo es una colección de desconocidos. El amor y la lealtad deben ser el sello que la caracterice, pero estos no se cultivarán a menos que los creyentes se relacionen. Nunca sucederá a menos que haya puentes que concedan esas oportunidades.

Finalmente, se debe edificar puentes *entre los ministerios de las iglesias y las organizaciones.* Estas conexiones son esenciales para la salud y la vitalidad de la iglesia. Son los ligamentos que Pablo menciona en Efesios 4:16, que mantienen el cuerpo "bien concertado y unido" con el fin de que reciba su crecimiento y se edifique en amor, conforme cada miembro realiza su labor. Se necesita puentes de relación que conecten los ministerios de la iglesia, porque sin ellos los creyentes tal vez nunca desarrollen las relaciones personales que la caracterizan. Es posible que no haya comunicación con quienes se desempeñan en otro ministerio y que si la hay sea muy escasa. Quienes no son parte de un ministerio en la iglesia tienen menos posibilidad de desarrollar estas valiosas relaciones.

Los puentes eficaces en la iglesia producen muchos beneficios. Por ejemplo, cuando la iglesia cosecha los beneficios de la coordinación y la cooperación, se elimina la superflua duplicación del trabajo, los ministerios dejan de competir y comienzan a ayudarse para alcanzar buen éxito. Las actividades y los programas se planifican y todos colaboran de modo que el resultado es también la victoria de todos. Otros beneficios son la visión y el propósito colectivos. Se cultiva la camaradería cuando personas que participan en los diversos ministerios se conocen y tienen un panorama claro de lo que otros quieren alcanzar. Las personas que se relacionan de esta manera respetan el trabajo de otros y los consideran miembros importantes del equipo. Otro beneficio es la mejor utilización de los recursos. Cuando los diversos ministerios conocen y entienden las necesidades de otros, aprovecharán los recursos y el personal de manera más efectiva y eficiente.

La edificación de una infraestructura como esta en la iglesia no es tarea fácil, pero sí es esencial.

La escuela dominical: edifiquemos puentes, edifiquemos el cuerpo

Es más fácil hablar de la edificación de un puente que efectivamente hacerlo. Sin embargo, la escuela dominical es el puente ideal para conectar las diversas partes de la vida y el ministerio de la iglesia. La escuela dominical es el ministerio de la iglesia que puede tocar a cada miembro de la congregación. Como tal, es el puente ideal entre los líderes de la iglesia y la gente, entre la iglesia y el mundo, entre los miembros de la congregación y los diversos ministerios de la iglesia. La estructura y la organización de la escuela dominical se prestan para esta tarea. Lamentablemente, pocas iglesias aprovechan estos recursos.

En los capítulos 2 y 5 se comentó la función de la escuela dominical en el evangelismo y en la edificación de la comunidad en el cuerpo. En el capítulo se comentará su función en el desarrollo de líderes. Como se verá en las siguientes páginas, la escuela dominical puede fortalecer la vida y el ministerio de la iglesia por servir como puente que conecta los diversos ministerios y los líderes de éstos con la gente.

El puente del aprecio

Las iglesias desarrollan una variedad de ministerios especializados con el fin de servir a grupos específicos o satisfacer necesidades específicas. Una iglesia puede patrocinar clubes de niños que se reúnen durante la semana, además de ofrecer un estudio bíblico para damas o un ministerio para varones, y así servir a madres o padres solteros, personas de la tercera edad, adolescentes, u otros grupos. Las iglesias ofrecen talleres de recuperación después del divorcio, grupos de apoyo, grupos para personas que quieren bajar de peso, clases de alfabetización, y un sinnúmero de ministerios que surgen de la necesidad. Otros ministerios, como el coro, los encargados de la bienvenida y los ujieres, los que ministran en el altar, y los que atienden la sala cuna también proveen un valioso servicio a la iglesia.

Generalmente estos ministerios se consideran aparte de la escuela dominical y sin relación con ella. Pero los líderes de la escuela dominical deben reconocer, apreciar, y valorar todos los ministerios de la iglesia porque todos son parte del mismo equipo. Lamentablemente, la relación entre la escuela dominical y los demás ministerios se caracteriza por competencia, en vez de cooperación; exasperación, en vez de aprecio; rivalidad, en vez de respeto.

Los líderes de escuela dominical deben promover una atmósfera de aprecio y respeto por quienes sirven en cualquier ministerio de la iglesia. Además, los líderes y los maestros deben aprovechar las oportunidades de expresar a aquellos que sirven en la causa de Cristo. También deben animar al equipo de trabajo de la escuela dominical a reconocer el servicio de otros y a expresar aprecio por la labor. Estas son maneras prácticas de edificar este puente.

La edificación de la infraestructura comienza con el sincero aprecio.

El puente de la cooperación

Los calendarios de las iglesias están llenos, los presupuestos están agotados, las facilidades son limitadas, y los obreros, pocos. ¿Le parece familiar?

Los ministerios pujantes inevitablemente agotan los recursos disponibles. En esa atmósfera, fácilmente otro ministerio se puede considerar la competencia que quiere utilizar los mismos recursos que la escuela dominical necesita para operar y sobrevivir. Cuando cada ministerio vela por sus propias necesidades, rápidamente surgen situaciones conflictivas en que "uno gana y el otro pierde". Pronto la relación se convertirá en una serie de batallas campales en que nadie gana y todos pierden.

Los líderes de escuela dominical y el personal deben hacer todo lo que pueden para cooperar con otros ministerios. Los lauros de uno deben ser el gozo de todos. Si uno gana, todos ganan, y también gana la causa de Cristo. He aquí la razón: todos los demás ministerios de la iglesia tienen el potencial de contribuir a que la escuela dominical sea más exitosa. Abren la puerta a los nuevos concurrentes y posibles alumnos. Otros ministerios, como los ujieres, los que dan la bienvenida, y los obreros de la sala cuna son apoyo directo de la escuela dominical.

El sentido de unidad que fortalece a la iglesia y facilita el buen éxito de todo ministerio no se obtiene con egoísmo ni rigidez, sino con una actitud generosa, flexible, y de cooperación.

El puente de la coordinación

La escuela dominical comparte facilidades, equipo, y personal con otros ministerios. Cada año se cuenta con un cierto número de sábados y una cantidad limitada de dinero y de obreros. Por lo tanto, con el fin de evitar malos ratos y aumentar la probabilidad de buen éxito, se necesita coordinar el trabajo de la escuela y los demás ministerios.

Una importante manera de edificar infraestructura es mantener un calendario de actividades, del uso de salones y de equipo de manera que todos se sientan ganadores. Cuando se evitan confusiones y frustraciones, los líderes y el equipo de trabajo tienen libertad de concentrarse en alcanzar las metas del ministerio. La coordinación requiere respeto, un espíritu de cooperación, y buena comunicación.

He aquí algunas sugerencias prácticas: Revise el calendario y procure que cada ministerio fije fechas para sus actividades. No se adueñe del vehículo de la iglesia que está al servicio de todos. Determine un sistema para coordinar el uso de los salones y el equipo. Organice actividades junto con otro ministerio. Reúnase con los líderes de otros ministerios y determine maneras prácticas de coordinar mejor los ministerios de la iglesia.

El puente de la comunicación

El aprecio, la cooperación, y la coordinación tienen como base la buena comunicación. Lamentablemente, los líderes tienden a comunicarse con quienes se desempeñan en su área de ministerio y no con otros que están fuera del él. Sin embargo, la buena comunicación es fundamental. Sin ella, nadie tiene buen éxito.

En la iglesia hay problemas cuando no hay clara, oportuna, y específica comunicación. La falta de comunicación suscita malentendidos y actitudes que se perciben como indiferencia, descuido, o falta de interés en lo que se dice o se hace. La falta de comunicación produce confusión y caos. Es prácticamente imposible que un grupo desempeñe una labor significativa si no hay comunicación clara y efectiva. Así como la falta de comunicación produce alineación, confusión, y desconfianza, la buena comunicación crea unidad, coordinación, y confianza.

Hay dos medidas prácticas que pueden mejorar la comunicación entre ministerios. Primero, planee momentos en que los grupos se reúnan y hablen de su visión y ministerio. Quienes sirven a las mismas personas a través de diversos ministerios y que comparten un salón y equipo, deben tener oportunidad de conocerse. Segundo, mantenga abiertos los canales de información. Los ministerios deben comunicar sus planes, actividades, y necesidades a los demás ministerios de la iglesia. Se debe informar acerca de los visitantes, los nuevos miembros, y las personas que faltan a las actividades.

El puente del apoyo

No hay nada mejor que la ayuda práctica y el respeto mutuo para fortalecer los lazos del ministerio. La escuela dominical puede ofrecer concreto a los demás ministerios de la iglesia.

La escuela dominical puede organizar series de preparación de obreros para otros ministerios. El domingo en la mañana es un buen tiempo para entrenamiento. Los participantes no tienen que preocuparse de buscar quien cuide a los niños o de un compromiso anterior a la misma hora. Los maestros deben ver este entrenamiento como una extensión lógica y necesaria del propósito de la escuela dominical.

El solo hecho de ayudar a otro ministerio a realizar sus proyectos y actividades fomenta la camaradería. ¿Acaso la escuela dominical no podría colaborar con otros ministerios de la iglesia o preparar regalos que el grupo de visitación lleve al hogar de ancianos?

La buena disposición de compartir salones, materiales, recursos, y equipos requiere una buena mayordomía. También se requiere una actitud amistosa y comprender que la escuela dominical necesita el respaldo de otros grupos.

Otra manera de apoyar es promover reuniones, actividades, y lauros de otros ministerios. La celebración de los lauros de otro ministerio no empequeñece los de la escuela dominical. Los alumnos se enriquecen cuando participan en otros ministerios y se fomenta la solidaridad.

Finalmente, los líderes, los maestros, y el personal de la escuela dominical deben orar por quienes sirven en otros ministerios, por las necesidades, y también por quienes participan en ellos. Maneras prácticas de realizar esta meta son establecer y coordinar una cadena de oración o implementar un sistema de compañero de oración, en que quienes sirven en la escuela dominical oren por personas ocupadas en otras áreas.

Palabras finales

Obvio, ¿verdad? La cooperación es mejor que la rivalidad. El ministerio coordinado es mejor que el caótico. La unidad y la armonía son mejores que la frustración y el conflicto. La oración de uno por el otro es mejor que la ira y las palabras ásperas. Los puentes son mejores que las barreras y construir es mejor que destruir.

Cuando edificamos puentes no lo hacemos para nuestro propio beneficio. Lo hacemos para el bien de otros. Los edificamos para aquellos que todavía no conocen a Cristo y para aquellos que siguen nuestros pasos.

EL CONSTRUCTOR DE PUENTES
por Will Allen Dromgoole

Por camino solitario
iba el anciano.
En la tarde gris y fría
llega a un hondo y ancho abismo
lleno de aguas impetuosas.

A la luz crepuscular,
impávido, sin temor,
cruzó el viejo aquel abismo
y un puente se construyó.

"No pierdas tu tiempo, viejo",
un peregrino le dijo;
"que tu viaje aquí termina
con el ocaso del día.

Jamás pisarás la senda
porque has cruzado el abismo.
¿Por qué construyes un puente?"

Su encanecida cabeza
alza el viejo constructor,
y explica a aquel peregrino
las razones de su acción:
"Por el camino en que andaba,
un joven tras mí venía,
él también lo pisará
en el ocaso del día.
Este hondo abismo será
para él un gran obstáculo,
mas el puente cruzará
sin riesgo de sufrir daño.
Ya ves, buen amigo, el puente
no es para mí, es para él."[1]

La guerra de Toledo y el "Big Mac" más grande

Para dar fin a la guerra de Toledo, la prolongada disputa fronteriza entre los estados de Michigan y Ohio, fue necesario que en 1837 el Congreso dictara un decreto. En 1803 Ohio fue reconocido como un estado, y en 1805 en Congreso definió el territorio de Michigan. Durante los siguientes treinta años, Michigan y Ohio reclamaron 470 millas cuadradas de terreno que correspondían a la ciudad de Toledo a orillas del lago Erie. En 1835, Michigan solicitó ser reconocido como estado, pero los legisladores de Ohio exitosamente obstaculizaron la admisión de Michigan a la Unión hasta que definiera la disputa fronteriza.

Felizmente, el Congreso dio fin a la disputa sin que se detonara munición alguna. El Congreso no reconoció a Michigan como estado hasta que cedió el territorio de Toledo. La compensación de Michigan fue la obtención de la Península. Ohio se quedó con Toledo.

Michigan consideró que la Península fue una pobre compensación. Durante más de 120 años, fue un estado dividido por cuarenta millas [65 km] de agua. Los Estrechos de Mackinac, las riberas más cercanas, a cinco millas [8 km] de distancia, presentaban un gran obstáculo al gobierno y al comercio.

El viaje entre las penínsulas inferior y superior era difícil y peligroso. Ya en 1884 se comenzó a hablar de la construcción de un puente sobre el estrecho. En 1923, el estado estableció un sistema de trasbordador para ir de un lado a otro. Finalmente, en 1934, se aprobó la construcción del puente. Pasarían otros veinte años antes de que se comenzara la construcción.

La obra de construcción del puente colgante entre la ciudad de Mackinac, en la península inferior, y San Ignacio, en la península superior, se inició en 1954. El Puente Mackinac (al que con cariño la gente llama "Mighty Mac [poderoso Mac]" o "Big Mac [gran Mac]" fue inaugurado en 1957 y es una nexo vital entre las dos penínsulas. Una cinta de acero de cinco millas [8 km] pende sobre las aguas del Estrecho de Mackinac y facilita el viaje entre las penínsulas de Michigan.

En la iglesia hay gran necesidad de puentes entre ministerios y personas. La barreras y los obstáculos a veces parecen insuperables. Esperemos que no tardemos mucho en construir el puente que nos ayudará a superar nuestras diferencias.

Notas

[1]Will Allen Dromgoole, *Rare Old Chums* [Viejos amigos] (New York: L. C. Page and Company, 1898), traducción al español.

El maestro de escuela dominical: activista y agente

Cambiadores de mundo

¿Sabe qué es la secta Clapham?

Fue un extraordinario grupo de prominentes cristianos que vivió en Inglaterra a comienzo del siglo diecinueve. Los grandes avivamientos que condujeron los hermanos Wesley y George Whitefield conmovieron las Islas Británicas. De esta renovación espiritual emergió el metodismo y un poderoso movimiento evangélico dentro de la Iglesia Anglicana, y también la secta Clapham. A los creyentes se los identificó con este burlesco apelativo porque la mayoría pertenecían a la parroquia anglicana de Clapham. Todos eran devotos cristianos, que les preocupaba los asuntos sociales y espirituales de ese tiempo, entre ellos, la abolición de la esclavitud en el Imperio Británico, el establecimiento de Sierra Leona como un lugar de amparo para los esclavos que habían sido liberados, el respaldo de las misiones y la distribución de la Biblia, y la creación de escuelas dominicales.

Más que simplemente preocupados, estaban resueltos a la acción.

John Venn, rector de la parroquia de Clapham, fue el fundador de la Iglesia Sociedad Misionera. Después de un precario comienzo, la sociedad inició una vigorosa campaña para establecer obras precursoras con el fin de llevar el evangelio a los pueblos no alcanzados. Conocida por su fervor evangélico, celo misionero, y ferviente predicación, la sociedad se convirtió en una de las mayores organizaciones misioneras de la Iglesia de Inglaterra. Los misioneros de la sociedad evangelizaron y establecieron iglesias en África, América, Asia occidental, además de India y Nueva Zelanda.

Zachary Macaulay ayudó a establecer obras en la India y la China y fundó la Universidad de Londres. Fue el director del *Christian Observer* [Observador cristiano], que se publicó con los auspicios de la secta Clapham.

Granville Sharp, abogado, dedicó gran parte de su vida a la emancipación de esclavos. Su defensa del esclavo negro James Somerset condujo a la "Decisión Somerset" de 1772, que establece que "un esclavo es libre en cuanto pisa territorio inglés". La colonia para libertos en Sierra Leona fue idea de este importante hombre.

Henry Thornton abrió su hogar para celebrar reuniones de la secta. Él fue un importante participante en la formación de la Compañía de Sierra Leona y el tesorero de la Iglesia de la Sociedad Misionera y de la Sociedad Bíblica Internacional. Desde su fundación en 1804, la Sociedad Bíblica ha publicado la Biblia en casi cada idioma que se conoce. Su meta es "fomentar la amplia circulación de las Sagradas Escrituras sin nota o comentario".

Hannah More, con la ayuda de la secta Clapham y otros, estableció una cadena de escuelas dominicales entre los mineros del sector occidente de Inglaterra. En esas escuelas, los niños aprendían a leer y estudiaban la Biblia. Una prolífica escritora, More influyó en muchos con sus populares escritos acerca de la vida cristiana, y muchos libros que todavía se publican.

William Wilberforce fue el fundador y más conocido miembro de la secta Clapham. Electo al Parlamento en 1780, encabezó la campaña contra la esclavitud en el Impreio Británico. En 1787 unió fuerzas con Thomas Clarkson y algunos líderes cuáqueros y formó la Comisión de los Doce para el fin de la esclavitud. Como resultado de su esfuerzo, en 1788 se legisló la venta de esclavos. En 1807 se abolió la venta de esclavos en el Imperio Británico, y los grandes poderes europeos la abolieron en 1815, en Viena. Wilberforce abandonó el Parlamento en 1825, pero su protegido y miembro de la secta Clapham, Thomas Buxton, tuvo buen éxito y en 1833 el Parlamento aprobó una ley de abolición de la esclavitud. Wilberforce, que por más de cincuenta años había trabajado para que se aboliera la esclavitud, murió semana antes de finalmente alcanzar su meta. Treinta años más tarde, su influencia se hizo en este lado del Atlántico, cuando en Norteamérica se dio fin a la esclavitud con la Proclamación de Emancipación de Abraham Lincoln y la enmienda de la Constitución de los Estados Unidos. Wilberforce también ayudó a establecer la Iglesia de la Sociedad Misionera, la Sociedad Bíblica Británica y la Sociedad Bíblica Internacional, y la Sociedad para Mejorar las Condiciones del Pobre.

Es extraordinario lo que cada uno de estos hombres hizo. Como grupo, sus realizaciones están cerca de considerarse un milagro. Este pequeño grupo de devotos cristianos cambió el curso de su sociedad, dejó una huella en un gran imperio, y alteró el curso de la historia misma. El celo misionero ayudó a fomentar un gran despertar espiritual en América, Asia, y África. La secta Clapham liberó de la esclavitud a millones de hombres, mujeres, niños, y sus descendientes. Millones también fueron liberados de las cadenas de ignorancia, pobreza, e injusticia social. Multitudes fueron liberadas de las ataduras del pecado y de la muerte y encontraron a Cristo como Salvador. Todo, gracias a la obra de un grupo de devotos creyentes.

Un viejo refrán afirma que "hay gente que vive con la cabeza en el cielo y se olvida de poner los pies sobre la tierra". Estas palabras están lejos de la verdad; quienes tienen la mente en las cosas de arriba son los que pueden producir reales cambios en la tierra.

Introducción

Una lamentable consecuencia de nuestro sistema educativo es separar el conocimiento de la acción. En un ambiente académico, el elemento más importante es el dominio del contenido. Esto resulta en bromas acerca de "idiotas educados", personas que han estudiado pero que no tienen sentido común y les es difícil enfrentar la realidad. El ambiente académico pondera el descubrimiento y la asimilación del conocimiento sin un propósito definido. El valor práctico del estudio tiene poca o ninguna consecuencia.

Sin embargo, hay otra tradición en la educación. En los Estados Unidos, el sistema de estudio superior de "concesión de tierras", que se estableció en la que hoy es la Universidad de Michigan y otras escuelas del país, tenía como fin el uso práctico del conocimiento tanto como el estudio y la asimilación. Del sistema de mecenas medievales a los oficios de nuestros días, los aprendices han buscado maestros que los puedan ayudar en entender su arte y a desarrollar maneras prácticas y útiles de usar esas destrezas. Las escuelas vocacionales preparan electricistas, plomeros, carpinteros, programadores de computadores, soldadores, cosmetólogos, mecánicos, y otras personas con ciertas habilidades que les permiten aplicar de manera práctica el conocimiento teórico.

Las profesiones clásicas reconocen la importancia del entrenamiento que desarrolla destrezas prácticas. Los aspirantes a médico salen de la escuela de medicina con un caudal de conocimiento pero deben primero completar un período de internado y tal vez una residencia antes de considerarse preparados para la práctica profesional. Los aspirantes a abogado dejan la teoría de la escuela de leyes y generalmente fungen como oficinistas para adquirir experiencia antes de rendir el examen del foro y comenzar a ejercer la profesión.

En simples palabras, todo pasajero de un avión quiere tener la seguridad de que tanto el piloto como el copiloto no solo entienden los principios de la aerodinámica, sino que tienen práctica en la navegación de un avión. Nadie quiere poner su vida en las manos de una persona que obtuvo buenas calificaciones en la clase de historia y teoría de vuelo, pero que nunca ha manipulado los controles de un avión.

La iglesia no ha sido inmune a esta separación del conocimiento de la experiencia práctica. Ahora más que nunca la iglesia se inclina al enfoque académico de la instrucción bíblica. En muchas iglesias la Biblia se enseña como un curso de historia. Se espera que los alumnos conozcan y repitan correctamente nombres, sucesos, y lugares en el orden correcto. Se da poca importancia a la importancia de estos sucesos o al valor de ellos en la vida diaria. Aun cuando la iglesia trata asuntos de la vida, el enfoque es casi siempre teórico. El resultado son aprendices que saben acerca de Dios pero que tal vez nunca experimentarán personalmente su poder y su presencia. Las iglesias están llenas de personas que han ido a seminarios y han escrito ensayos de extraordinarios principios acerca de la crianza de los hijos y el matrimonio pero que no son buenos padres y cuyos matrimonios están en crisis. Hay muchos creyentes que han ido a clases con el fin de aprender efectivas estrategias de evangelismo, que han aprendido todas las respuestas, y han memorizado todos los versículos clave, pero que no saben cómo guiar una persona a Cristo.

La falta de fruto de mucho de lo que pasa por la educación cristiana resulta del exagerado enfoque en la información y en la teoría. Es conocer sin hacer. Muchos creen que conocer la verdad es suficiente se dejen o no guiar por ella.

No nos debe sorprender que muchos hayan decidido que la escuela dominical no tiene pertinencia alguna. Ellos acuden en busca de respuestas a problemas reales y escuchan las mismas repetidas historias acerca de personas que vivieron muy lejos y murieron hace muchos años. Muchos maestros ni siquiera procuran moverse de lo teórico a lo práctico, son aquellos que constantemente recitan teorías repetidas acerca de aplicaciones prácticas. Los aprendices casi nunca tienen oportunidad de personalmente aplicar principios bíblicos a las inquietudes de la vida real, resolver problemas, o desarrollar estrategias para enfrentar esos problemas. La mayoría de los maestros de escuela dominical están tan ocupados comentando en qué y el quién del pasado que nunca tratan el porqué y el quién de hoy.

¿Es este el tipo de educación que Dios quiere para su pueblo?

Un modelo diferente

En la frontera de la Tierra Prometida, los hijos de Israel escucharon a Moisés repetir las instrucciones de Dios. "Cuando viniere todo Israel a presentarse delante de Jehová tu Dios en el lugar que él escogiere, leerás esta ley delante de todo Israel a oídos de ellos. Harás congregar al pueblo, varones y mujeres y niños, y tus extranjeros que estuvieren en tus ciudades, para que oigan y aprendan, y teman a Jehová vuestro Dios, y cuiden de cumplir todas las palabras de esta ley" (Deuteronomio 31:11,12).

Note que el énfasis no solo está en escuchar la ley. Escuchar es el primer paso que se debe dar. Pero la meta es desarrollar una relación con Dios: "aprendan, y teman a Jehová vuestro Dios, y cuiden de cumplir todas las palabras de esta ley". El Señor no quiso que el pueblo aprendiera sus palabras como un simple ejercicio académico divorciado de la conducta de la vida diaria. La enseñanza de su Palabra siempre tuvo como meta que la gente se acercara y tuviera una correcta relación con Él y que encontrara su expresión en todo aspecto de la vida diaria.

Cuando comentan el llamado de los apóstoles, los escritores del evangelio son eco de esta perspectiva:

Y [Jesús] estableció a doce, para que estuviesen con él, y para enviarlos a predicar, y que tuviesen autoridad para sanar enfermedades y para echar fuera demonios (Marcos 3:14,15).

Entonces llamando a sus doce discípulos, les dio autoridad sobre los espíritus inmundos, para que los echasen fuera, y para sanar toda enfermedad y toda dolencia ... A estos doce envió Jesús, y les dio instrucciones ... Y yendo, predicad ... Sanad enfermos, limpiad leprosos, resucitad muertos, echad fuera demonios; de gracia recibisteis, dad de gracia (Mateo10:1,5,7,8).

Como los creyentes de hoy, los doce fueron llamados a ser discípulos de Cristo, aprendices. Como nosotros, fueron llamados a acercarse y a desarrollar una saludable relación espiritual con Él.

Como nosotros, fueron llamados a ir al mundo y cumplir su voluntad y realizar su obra.

Pero el obrar no es resultado espontáneo de oír su Palabra. Aprender con el propósito de hacer preparó a los Apóstoles para dirigir la Iglesia y cambiar el mundo. Al entrenar a los doce, con las historias, las parábolas, y los sermones, Jesús no sólo les enseñó principios acerca del Reino. Ni tampoco bastó con que ellos estuvieran en su compañía. Él no esperaba que ellos absorbieran lo que necesitaban por simple osmosis espiritual. No, Jesús añadía anécdotas a su enseñanza y relación como un medio de desarrollo espiritual y ministerial.

Aparentemente muchos piensan que todo lo que necesitan es oír la Palabra y tener momentos de adoración. Nuestra fe nunca tuvo como fin la mera aceptación de los principios teológicos y la habilidad de comprender la amplitud y el alcance de las Escrituras y el dogma de la Iglesia. Siempre se ha tenido en mente que los cristianos expresen las enseñanzas de Cristo en la vida diaria y que cambien el mundo a través de sus palabras y hechos. Santiago advirtió: "Pero sed hacedores de la palabra, y no tan solamente oidores, engañándoos a vosotros mismos. Porque si alguno es oidor de la palabra pero no hacedor de ella, éste es semejante al hombre que considera en un espejo su rostro natural. Porque él se considera a sí mismo, y se va, y luego olvida cómo era" (Santiago 1:22-24).

La vitalidad espiritual nunca tuvo como fin ser diferente de la vida diaria del creyente. La vitalidad espiritual debe dar energía y hacer posible la acción cristiana en el mundo. La Iglesia no recibió el Espíritu Santo solo para *disfrutar* su presencia, sino para *emplear* su poder en el misterio de la reconciliación del mundo con Dios, a través de Cristo. Jesús dijo: "Pero recibiréis poder, cuando haya venido sobre vosotros el Espíritu Santo, y me seréis testigos en Jerusalén, en toda Judea, en Samaria, y hasta lo último de la tierra" (Hechos 1:8).

Esta verdad queda claramente demostrada en la selección de los primeros siete diáconos, como registra Hechos 6. Los líderes de la iglesia buscaban personas que realizaran las labores cotidianas de manera que ellos pudieran concentrarse más "en la oración y en el ministerio de la palabra" (Hechos 6:4). El trabajo de servir las mesas y atender las viudas no es lo que muchos definirían como una labor espiritual. Sin embargo, analicemos los requisitos que Pedro menciona para el cumplimiento de esa responsabilidad: "Buscad, pues, hermanos, de entre vosotros a siete varones de buen testimonio, llenos del Espíritu Santo y de sabiduría, a quienes encarguemos de este trabajo" (Hechos 6:3).

El ministerio de ellos era práctico e impulsado por la vitalidad espiritual. Los registros de los ministerios de dos de estos varones, Esteban y Felipe, muestran que eran gigantes espirituales que no consideraron "el servir las mesas" una labor degradante.

En su epístola, el apóstol Santiago señala el mismo principio:

> Hermanos míos, ¿de qué aprovechará si alguno dice que tiene fe, y no tiene obras? ¿Podrá la fe salvarle? Y si un hermano o una hermana están desnudos, y tienen necesidad del mantenimiento de cada día, y alguno de vosotros les dice: Id en paz, calentaos y saciaos, pero no les dais las cosas que son necesarias para el cuerpo, ¿de qué aprovecha? Así también la fe, si no tiene obras, es muerta en sí misma. Pero alguno dirá: Tú tienes fe, y yo tengo obras. Muéstrame tu fe sin tus obras, y yo te mostraré mi fe por mis obras. Tú crees que Dios es uno; bien haces. También los demonios creen, y tiemblan (Santiago 2:14-19).

La educación cristiana verdaderamente efectiva no es académica. La educación cristiana efectiva tiene como base la sana doctrina, su fuente de energía es el Espíritu Santo, y enfatiza el aprendizaje a través de la acción y la práctica de lo que se aprende. Esta clase de aprendizaje requiere un maestro que desempeñe un papel de efectivo modelo, mentor, guía, colaborador, y siervo, en ningún caso una figura de superioridad ni un gurú.

La escuela dominical puede y debe ser un lugar de aprendizaje activo, cuyo resultado es la acción cristiana en el mundo y un agente de dinámica vida espiritual.

Acción, reacción, catalizador

La relación dinámica entre aprendizaje, acción, y vitalidad espiritual es crítica para la educación cristiana exitosa. Los creyentes son desafiados a usar lo que han aprendido, a poner en práctica sus nuevas percepciones bíblicas. A veces los resultados son extraordinarios. Otras, el cristiano sale de la experiencia con un sentimiento de fracaso. Cuando nos esforzamos por vivir según los preceptos de Dios tendremos experiencias alentadoras, otras desalentadoras, y también aquellas que no tienen mayor significado.

Sin embargo, desde la perspectiva del educador cristiano, siempre habrá tres resultados. Primero, aunque el creyente juzgue una acción como un buen éxito o un fracaso, la experiencia siempre revela grandes verdades. El creyente aprende de sí mismo, de Dios, y obtiene una perspectiva que sin la experiencia nunca habría tenido.

Segundo, así como estas experiencias enriquecen la comprensión del creyente, también abren la puerta a otras preguntas y a otros asuntos. Después de cruzar el umbral, conducen a una nueva dimensión de la obra de Dios en la vida del ser humano y del mundo. Estas nuevas preguntas impulsan al creyente a la búsqueda de respuestas y a una mayor comprensión de Dios y de sus caminos. Los desafíos de la vida cristiana alimentan la necesidad de una medida mayor de la sabiduría de Dios, de su presencia, y de su poder. La necesidad los hace regresar a sus maestros y a otros creyentes con preguntas que necesitan respuesta. El ciclo continúa como una espiral de crecimiento espiritual que está en constante progreso.

Tercero, estas experiencias impactan la vida espiritual de los creyentes. Salen a la luz las vulnerabilidades del creyente y su necesidad del poder y la presencia de Dios. Esto los estimula a buscar una relación con Dios más vital. También les enseña que Dios es su constante ayuda, y que en tiempos de dificultad pueden depender de su fortaleza. Ese conocimiento inspira valor al creyente para enfrentar aun mayores desafíos.

Si el ciclo marcha como se espera, el creyente debe crecer en el conocimiento de Dios y de su voluntad, y de sí mismo. Crece en gracia, madura como discípulo, y está mejor equipado para asumir los siguientes desafíos. Inevitablemente enfrentará otro desafío y será llamado a hacer la voluntad de Dios en su vida. Y el ciclo vuelve a comenzar.

La participación activa en la vida y en el ministerio de la iglesia se convierte en el catalizador de un mayor aprendizaje y cre-cimiento espiritual. Los creyentes son transformados de receptores pasivos que se saturan de información bíblica a participantes activos que dan buen uso al aprendizaje en su vida, en la iglesia, y en el mundo.

Cambio de dirección

¿Pero cómo puede la escuela dominical convertirse en esta clase de ambiente de aprendizaje dinámico? Muchas cosas cambiarán si la iglesia abandona el modelo de la escuela dominical que está satisfecha con "la instrucción religiosa" y adopta el modelo del aprendizaje activo. Es necesario analizar y volver a definir nuestra visión, nuestras estructuras, y las funciones de los maestros, alumnos, y líderes.

Visión

Un norteamericano y un boliviano, llamado Jorge, trabajaban codo a codo en la construcción de una pared de ladrillos en una nueva iglesia en Santa Cruz de la Sierra, Bolivia. Ninguno de los dos hablaba el idioma del otro. Ambos querían aprender. El norteamericano notó que la sección de ladrillos en que él trabaja-ba no coincidiría con la sección en que trabajaba Jorge. No era una gran diferencia, pero se podría notar a simple vista. Con el poco español que había aprendido en sus días en Bolivia, el norteame-ricano señaló el problema. Lo que habló no fue realmente español. Pronunció lo que él llamaba "español de primera necesidad": *taco, enchilada, burrito, sopa, salada, café con leche,* y otras palabras.

El amigo boliviano respondió con una mirada de curiosidad. Él norteamericano, por su parte, continuó gesticulando, señalando, y explicando en su pobre español. Repentinamente, todo fue claro; Jorge entendió el mensaje. Con una sonrisa, respondió: *"No importa, está bien"*. El norteamericano entendió la sonrisa y la frase. La había escuchado más de cien veces desde que había bajado del avión: "No importa, está bien". Obviamente, Jorge tenía razón. Más adelante, la pared sería completamente cubierta de yeso y nunca nadie notaría el pequeño desnivel.

Lamentablemente, muchos evalúan su escuela dominical de la misma manera. No importa lo qué hace o cómo lo hace, los líderes tienen la misma actitud: "No importa, está bien". A diferencia de Jorge, están equivocados. Es importante y no está bien. La evaluación confiable de la escuela dominical comienza con una clara visión de lo que se debe hacer y de lo que se debe ser. Es más importante hacer lo correcto que hacer lo incorrecto de manera satisfactoria.

La *visión* de la escuela dominical debe cambiar. La escuela dominical ya no puede ser un lugar donde sólo se comunica información acerca de la Biblia y de la doctrina. Debe ser el lugar donde los alumnos descubren, exploran, y aplican. Los aprendices deben examinar la importancia y el significado de la verdad en la iglesia, en las vidas, y en el ministerio. Ningún alumno debe salir de la escuela dominical sin haber encarado las demandas inherentes de lo que descubre en la Palabra de Dios. Los alumnos no deben salir sin examinar las maneras en que Dios impacta nuestra vida, determinar lo que hará, y sentir que se debe obrar en respuesta a esas demandas. Finalmente, ningún alumno debe salir de la clase de escuela dominical sin tener la oportunidad de comunicar lo que ha aprendido a través de la práctica de las verdades de las Escrituras.

La visión por la instrucción tiene como base tres convicciones clave. Primero, la Palabra de Dios siempre tiene la respuesta para la vida y el ministerio del creyente. Lamentablemente, a veces los maestros y los predicadores presentan las verdades eternas de maneras que parecen poco pertinentes.

Segundo, si los aprendices tienen oportunidad de explorar la Palabra de Dios y de descubrir su verdad, tendrán más posibilidad de responder y moverse según esta verdad. Las experiencias ajenas, sea de personajes de la Biblia, sea de personajes históricos o del maestro, no tienen el poder de la experiencia personal con la Palabra de Dios.

Tercero, los maestros pueden depender del Espíritu Santo para desafiar, persuadir, e iluminar a sus alumnos. Pueden y deben confiar en el poder, la presencia, y los dones del Espíritu Santo. Pero deben siempre recordar que el Espíritu Santo está constantemente obrando en la vida de los alumnos. El Espíritu Santo tiene poder para revelar la verdad de las Escrituras, convencer a los alumnos, y motivarlos a la acción.

El laboratorio del Espíritu Santo

Una vez que la visión cambia, la escuela dominical se debe convertir en un "laboratorio" del Espíritu Santo. En vez de escuchar a alguien que habla de Dios, los alumnos deben tener la oportunidad de vivir una experiencia con Él. La verdadera educación cristiana no puede dar fruto sin el poder y la presencia del Espíritu Santo en el salón de clase. Para la instrucción religiosa sí se puede prescindir de la obra del Espíritu. Esta perspectiva demanda que, antes de la clase, maestros y alumnos pidan a Dios que manifieste su presencia y poder. Desafía al maestro a dedicar momentos de la clase a la oración e intercesión. Estimula el ejercicio de los dones del Espíritu Santo y espera que Él revele la verdad.

Acción cristiana

La escuela dominical también debe convertirse en la plataforma de la acción cristiana. Como grupo de creyentes, la clase debe encontrar maneras adecuadas de expresar las verdades que aprende. Los maestros necesitan estimular a los alumnos a practicar las verdades que descubren. Entonces las decisiones que tomen se convertirán en parte del proceso de aprendizaje. Las acciones varían según la edad, las habilidades, y las oportunidades de los alumnos.

En resumen, la escuela dominical debe transformarse
- de un lugar en que el maestro es el activo y el alumno pasivo,

a uno en que los alumnos participan activamente en su propio aprendizaje;

- de un lugar en que se reconoce la persona del Espíritu Santo y se comenta acerca de Él, a uno en que su poder y su presencia son una parte activa e integral del proceso de enseñanza-aprendizaje;

- de un lugar en que se habla acerca de la conducta del cristiano y se celebra, a uno en que los alumnos tienen oportunidad de practicar lo que aprenden y pueden reflejar el verdadero carácter cristiano que glorifica a Dios.

Estructuras

Es imposible implementar actividades de aprendizaje prácticas en el salón de clase si no se ha reestructurado la escuela dominical. La estructura de la mayoría de las escuelas dominicales armoniza con el aprendizaje activo. Los grupos organizados según edad permiten atender las necesidades e intereses personales de los alumnos. Puede estimular el descubrimiento y la aplicación a un nivel y de manera que armonice mejor con las necesidades de los alumnos. Además, los maestros pueden motivar acciones que son propias de la etapa de desarrollo de ellos. Debido a que la escuela dominical es un pequeño grupo e íntimo, se puede fomentar la confianza entre el maestro y el alumno. La confianza fomenta el auto-examen, la reflexión personal, y la adecuada orientación del maestro.

Los maestros tienen a su disposición recursos y buenos materiales de enseñanza. Los maestros y líderes deben seleccionar material que invite a la interacción con la Biblia. Además, debe usar metodologías de enseñanza que son pertinentes con la verdad que se enseña y que permite que los alumnos participen en maneras significativas. El material debe guiar al alumno y al maestro a descubrir la verdad, examinar su significado, y explorar maneras en que pueden expresarla en la vida diaria.

Esta clase de aprendizaje fortalece el compañerismo entre maestros y alumnos; los ayuda a trabajar juntos en el descubrimiento de la verdad, mientras oran el uno por el otro. Si el maestro y el alumno desarrollan ese mutuo interés en las necesidades del otro, será más probable que confíen el uno en el otro, que se apoyen, que haya compañerismo y armonía entre ellos.

Una barrera estructural que enfrentan muchas escuelas dominicales es la falta de tiempo. Muchas iglesias han expandido el tiempo de adoración colectiva por restar tiempo a la escuela dominical. Es posible que en muchas escuelas dominicales se refiera una historia bíblica, se muestre un video, o se comente sucintamente un principio bíblico en un lapso limitado. Sin embargo, en un tiempo tan limitado no será posible que el maestro guíe a los alumnos en la exploración de la Palabra de Dios, el descubrimiento de las verdades bíblicas, y en la reflexión de cómo aplicarlas a la vida y al ministerio.

Los líderes que no reconocen el valor de contar con un adecuado tiempo de aprendizaje, lamentablemente son los responsables de que los ministerios de educación cristiana sean ineficaces y poco pertinentes. Ellos tienen el deber y la responsabilidad de asignar tiempo a lo que ellos consideran de importancia. Pero restar preciosos minutos a la escuela dominical no es manera de ver prosperar una congregación o un ministerio de discipulado.

Otro obstáculo estructural en la mayoría de las iglesias y escuelas dominicales es la falta de entrenamiento. Hay muchos que aceptan maestros y les delegan responsabilidad sin haberlos preparado para esta importante responsabilidad. Quienes han sido receptores pasivos difícilmente se convertirán en maestros dinámicos, no importa cuán bueno sea el currículo o cuánto consejo se les dé para que enseñen de manera diferente. La única solución es proveer entrenamiento previo a la experiencia de enseñanza y durante ella, con el fin de ayudar a los maestros a descubrir el valor del aprendizaje activo, proveer las habilidades que se necesitan para el buen éxito, y dar oportunidad de llevarlas a la práctica. Los líderes que no preparan a sus obreros, realmente los preparan para el fracaso.

La función del maestro

El modelo ideal de la escuela dominical como laboratorio del Espíritu Santo y como plataforma de la acción cristiana es la visión del maestro de escuela dominical como mentor, guía, y amigo. En este enfoque, la visión del maestro se somete a varios cambios.

Primero, la función del maestro cambia de informante a guía. Debido a que su estudio, experiencias, y madurez son valiosos recursos en el salón de clase, el maestro nunca debe eliminar completamente su función como "informante". Pero el enfoque no debe ser el maestro que informa a los alumnos lo que descubrió en su estudio, sino en permitir que los alumnos mismos descubran las verdades. Los maestros sabios ayudan a los alumnos a concentrarse en el estudio y les proveen recursos y orientación para que puedan superar los obstáculos. Como buen guía el maestro conoce la senda que los alumnos deben recorrer y la delimita claramente.

La función del maestro cambia de quien responde preguntas a quien formula preguntas. Con el fin de ayudar a los alumnos a descubrir la verdad, el maestro debe hacer preguntas que conduzcan a grandes descubrimientos. Para ayudar a los alumnos a aplicar la verdad a la vida, el maestro debe hacer preguntas que estimule la seria reflexión. La mejor manera de motivar a los alumnos a moverse según la verdad que descubren es preguntarles qué harán con el nuevo conocimiento que han obtenido.

La función del maestro cambia de quien habla a quien escucha. Los alumnos que exploran, descubren, entienden, y buscan aplicar las verdades bíblicas tienen preguntas y quieren comunicar lo que piensan. Hay muchas razones que indican la importancia de saber escuchar. El maestro sabio entiende que cuando los alumnos comentan las verdades que han aprendido, éstas se arraigan en la vida y en el recuerdo de ellos. Retenemos mejor lo que decimos que lo que escuchamos. El maestro sabio está consciente de que a veces los alumnos no entienden adecuadamente o llegan a conclusiones erróneas. Cuando los alumnos hablan, el maestro tiene oportunidad de ayudarlos a reflexionar en su opinión, sugerirles otro ángulo de un asunto o un concepto, y, si es necesario, corregir el error.

La función del maestro cambia de "hacer tiempo" a aprovechar el tiempo. En casi cada deporte el manejo del reloj significa derrota o victoria. El uso efectivo del tiempo de clase y la posibilidad de ayudar a un grupo de alumnos a mantener el enfoque son importantes habilidades del maestro, porque los alumnos de la escuela dominical, como cualquier otro grupo, también se distrae o se desvía del asunto principal. Los maestros sabios no se dejan dominar por el reloj; más bien, son diestros en el manejo del tiempo.

La función del maestro cambia de ser el recurso a ser el proveedor de los recursos. El maestro sabio entiende que el descubrimiento de la verdad es un trámite que requiere una gran diversidad de recursos. Asegura que el alumno tenga a la mano todo lo que necesita para descubrir, explorar, entender, y aplicar la verdad de Dios. Los mejores métodos de enseñanza y planes de clase pueden fracasar si faltan piezas que son necesarias.

La función del maestro cambia de dar importancia a la lección a dar importancia al alumno. Las necesidades de los alumnos deben ser más importantes que la necesidad de revisar una cierta cantidad de contenido. El maestro sabio entiende que cada alumno aprende de manera diferente y a un ritmo diferente. Cuando el maestro enfoca las necesidades y las habilidades de los alumnos ayuda al maestro a hacer de la enseñanza una experiencia desafiante pero en ningún caso agobiante.

La función del maestro cambia de dar importancia a lo que sucede dentro del salón de clase a considerar la importancia de lo que sucede fuera de él. Esto sucede de dos maneras. Primero, el maestro querrá que los alumnos salgan del aula con una clara comprensión de las maneras prácticas en que puede aplicar la verdad de Dios en su vida. Si esta meta no se cumple, tanto maestros como alumnos habrán fracasado. Segundo, procurará que cada clase comience con un tiempo de reflexión en lo que están aprendiendo conforme viven la vida cristiana. El maestro deliberadamente planea actividades fuera del salón que desafíen a los alumnos a obrar según las verdades que han aprendido. Si consideramos que el currículo generalmente se planea en torno a un tema, el maestro debe considerar en su propio plan una actividad que tenga relación con el tema.

Finalmente, la función del maestro cambia de simplemente hablar acerca de Dios a guiar a sus alumnos a una experiencia con Él. Una manera de alcanzar esta meta es por planear momentos de oración por las necesidades y por ellos mismos. Otra manera es dar oportunidad de que cada uno dé testimonio de las obras de Dios. Una tercera manera es estimular y fomentar el ejercicio de los dones del Espíritu durante la clase. Los llamados al altar dan oportunidad a los alumnos de responder a Dios y a lo que han descubierto, y también da oportunidad al maestro de orar con ellos y por ellos.

Conclusión

La secta Clapham cambió la perspectiva del mundo de aquel tiempo y también del nuestro. Pero sus grandes realizaciones no se deben sólo a la atención con que escucharon grandes sermones y enseñanzas. Ellos descubrieron las demandas del evangelio, desarrollaron vidas dinámicas llenas del Espíritu Santo, encontraron maneras de suplir las necesidades de la sociedad de su tiempo, y trabajaron.

No hay manera de predecir lo que una iglesia, una clase de escuela dominical, o los creyentes podrían realizar en su comunidad y en el mundo si verdaderamente obraran conforme dicta la verdad de Dios. La escuela dominical tiene la oportunidad de desafiar a sus alumnos a la grandeza, especialmente si desecha la errada noción de que la educación cristiana solo consiste en comunicar información bíblica y doctrinal, y acepta el desafío de preparar cristianos para el importante ministerio en el mundo. Si se convierte en un agente de vida espiritual y vitalidad, la escuela dominical puede estimular a sus alumnos a realizar grandes tareas y a cambiar el mundo. Al hacerlo, la escuela dominical puede explorar una de las grandes fuerzas motivadoras de la vida humana: el deseo de ser parte de algo superior.

Epílogo

Uno de los mejores anuncios comerciales que se ha publicado apareció en un periódico londinense a comienzos de 1900:

"Se necesita hombre para viaje peligroso. Sueldo bajo, frío intenso, meses de total oscuridad, peligro constante, regreso poco probable."

Sir Ernest Shackleton, explorador del Polo Sur, fue quien escribió estas palabras. En relación con la respuesta al anuncio, Shackleton comentó: "Fue como si todos los hombres de Gran Bretaña determinaran acompañarnos."[1] El hombre de ciencia dijo lo que los sociólogos de hoy acaban de descubrir: La gente quiere participar en una empresa que sea superior a ellos mismos. Quieren algo que sea significativo. Quieren ser parte de aquello que por ser grande requiere valor.

No hay nada más grande que la causa de Cristo y el ministerio del evangelio, no hay desafío mayor, ni estilo de vida más gratificante ni que requiera de más valor.

Nuestro problema no son las altas expectativas que hemos tenido de nuestros alumnos y de nosotros mismos. Más bien es lo poco que hemos esperado ver.

Notas

[1] William J. Bennett, *The Book of Virtues* [El libro de virtudes] (New York: Simon and Schuster, 1993), 493.

La escuela dominical: preparación para la vida, el ministerio, y el liderazgo

El segundo violín

Tenía cincuenta y tres años de edad, cada vez más calvo, y una carrera militar que no causaba gran impresión. No tenía la prestancia ni los modos de MacArthur, tampoco tenía la elegancia de Patton. Sin embargo, está pronto a cambiar la historia.

Graduó sexagésimo primero en una clase de 164 cadetes de la Academia Militar Norteamericana de West Point, New York. Tardó veinticinco años en ascender de segundo teniente a teniente general. Durante esos largos años de servicio, desempeñó muchos cargos. Fue auxiliar ejecutivo en la oficina del secretario auxiliar de Guerra, y por más de una década fue parte del personal de otros oficiales militares más importantes de su tiempo. Aparentemente siempre sería un auxiliar que ayudaría a otro a alcanzar el buen éxito. No obstante, fielmente, siempre desempeñó sus responsabilidades, aprovechó cada oportunidad, y aprendió de cada hombre para quien trabajó.

Ese día abrió la puerta del automóvil y se sentó en el asiento del conductor. Miró hacía el asiento posterior y se encontró cara a cara con el presidente de los Estados Unidos. "Bueno, Ike", dijo

141

Roosevelt, "vas a estar al mando del Overlord." Con esa simple declaración, Dwight David Eisenhower fue promovido de segundo violinista a primer asiento. Planearía y dirigiría la "Operación Overload", el plan de las fuerzas Aliadas para invadir la parte de Europa en las playas de Normandía que estaba bajo el dominio Nazi, penetrar Francia, derrotar a Alemania, y dar fin a la Segunda Guerra Mundial.

Eisenhower sería más adelante presidente de la Universidad de Columbia, comandante supremo de la OTAN, y, desde 1952 a 1960) presidente de los Estados Unidos.[1]

Finalmente, Einsenhower eclipsó a la mayoría de los hombres a quienes había servido. Fue comandante de Omar Bradley, que había graduado de West Point antes que él. Fue Einsenhower, no Douglas MacArthur ni George Marshall, quien sería electo presidente, aunque fue asistente de ambos.

Alguien dijo que se nace líder. Otros con el mismo fervor creen que los líderes se forman. Einsenhower prueba que ambas perspectivas son correctas y también incorrectas. Einsenhower nació con habilidades de líder. Estas habilidades se perfeccionaron con los años de preparación y dedicado servicio. Sin la preparación ni el servicio, los talentos de Eisenhower tal vez nunca se habrían desarrollado, pero la idea opuesta también es cierta. La preparación y la experiencia habrían sido una pérdida de tiempo en un hombre con menos talentos.

La misma pregunta también ha preocupado a la iglesia. ¿Es el ministerio talentoso algo natural o que se adquiere? ¿Acaso los que sirven en la iglesia han nacido para hacerlo? ¿O es la vida y el ministerio de ellos el resultado del cuidadoso entrenamiento, servicio, y preparación? Ambas preguntas son correctas, ambas un error.

Diagnóstico

Toda iglesia necesita que su gente participe en el ministerio y se comprometa con él. Sin ellos la iglesia no cumple el propósito que Dios le ha dado. No puede alcanzar su comunidad, cuidar de sus miembros o fomentar el desarrollo espiritual de ellos, o proveer una adoración colectiva y dinámica. Si sus miembros no ofrendan su servicio, el cuerpo no puede funcionar correctamente. Será una iglesia inepta e incapaz de cumplir su misión en el mundo.

Pero pocas iglesias tienen todos los obreros que necesita. La mayoría parece sobrevivir gracias a la regla "20-80": 20 por ciento de las personas realizan 80 por ciento del trabajo.

Todos los creyentes han sido dotados por el Espíritu Santo y han sido llamados al ministerio. Dios les ha dado una posición en el cuerpo de Cristo para que usen sus dones en armonía con otros y para que cumplan la voluntad de Dios y realicen su obra en el mundo. Sus dones varían, pero todos son esenciales. Los creyentes no solo tienen dones, también han sido llamados a invertir su vida en algo significativo y que es a la vez fuente de satisfacción. Ellos quieren que su vida sea un factor de cambio. Pero pocos hallan esa posición de ministerio en la congregación local. A menudo, los dones y ministerios encuentran su expresión fuera de la iglesia, en organización paraclesiásticas, o en agencias de la comunidad.

Dios ha dotado y ha llamado a los líderes de la iglesia a que perfeccionen "a los santos para la obra del ministerio, para la edificación del cuerpo de Cristo, hasta que todos lleguemos a la unidad de la fe y del conocimiento del Hijo de Dios, a un varón perfecto, a la medida de la estatura de la plenitud de Cristo" (Efesios 4:12,13). Ayudar a los creyentes a descubrir, desarrollar, y organizar sus dones espirituales para el uso en la causa de Cristo, no es una opción para los líderes de la iglesia. Es más bien un mandato divino.

Lamentablemente, muy pocas iglesias cuentan con un programa para ayudar a los creyentes a descubrir sus dones, responder al llamado de Dios, desarrollar las habilidades necesarias para el buen éxito, y encontrar un lugar donde usar los dones para la expansión de la causa de Cristo en la iglesia y en el mundo.

Si la voluntad de Dios es un ministerio que incluya a todo miembro, si toda iglesia necesita personas que participen y se comprometan, si todo creyente ha sido dotado y llamado al ministerio, ¿por qué son tan pocos los creyentes que encuentran su lugar de ministerio en la iglesia? ¿Por qué hay tantas iglesias que tambalean porque no cuentan con la ayuda que necesitan? ¿Y por qué son tan pocos los líderes que invierten en la preparación de nuevos obreros?

Hay muchas razones. Una de ellas es que los pastores y los creyentes han *malinterpretado sus funciones,* la naturaleza del ministerio, y su responsabilidad en relación con los demás. Los pastores a veces piensan que han sido llamados a realizar la obra del ministerio y no preparan a otros para el ministerio. Los creyentes a veces tienen la opinión de que se debe contratar un pastor para realizar la obra del ministerio, no piensan que Dios los puede llamar a ellos a desempeñarlo. Ven el servicio en la iglesia como algo que se hace "para el pastor", no como un acto de obediencia a Dios y su llamado en la vida de cada uno.

Los líderes de la iglesia a veces obran movidos por *falsas suposiciones.* Los pastores suponen que los miembros no quieren participan. Se equivocan. La gente quiere servir a Cristo y quiere encontrar maneras significativas de usar sus dones y obedecer sus llamados. Pero no quieren sentirse forzados a realizar una labor para la que no han recibido preparación o para la que no tienen don alguno. No quieren sentir que la presión del trabajo en la iglesia los hace descuidar la familia. Quieren que se los trate con respeto y aprecio y que no se los "use" como meros objetos.

Los líderes de la iglesia sufren debido a la *tiranía de lo urgente.* Agobiados por la carga de sus responsabilidades cotidianas, a menudo los pastores se ven obligados a postergar lo que pueden. Una de las primeras cosas que se posterga es el entrenamiento porque la falta de él no causa una crisis inmediata. Lamentablemente, esta ganancia a corto plazo, a la larga se convierte en una aflicción. Debido a que no se invierte tiempo ni energía en el reclutamiento ni en la preparación de obreros, no hay gente disponible cualificada y preparada para ayudar a llevar la carga. Debido a que son tan pocos los equipados para ayudar, los pastores son los que deben realizar la mayor parte del trabajo. La carga cada vez mayor los obliga a postergar el reclutamiento y el entrenamiento de quienes podrían asistirlo. Este mal hábito se convierte en un ciclo perpetuo.

Algunos creyentes por *temor* no quieren participar. Debido a que no hay un proceso que los ayude a descubrir sus dones, temen que se les pida que hagan algo que no es significativo para ellos. Debido a que no se cuenta con un proceso que los ayude a encontrar su lugar en el ministerio, temen que se los presione a hacer algo que no armoniza con sus dones y su llamado. Debido a que no hay suficientes obreros, temen que se los agobie, se los sobrecargue, y se les pida que lleven una carga excesivamente grande. Debido a que no hay una constante estrategia de reclutamiento, al asumir un cargo temen que nunca se los libere de él. Debido a la falta de entrenamiento que los ayude a tener buen éxito, temen al fracaso.

Muchos líderes de la iglesia también tienen temor. Temen delegar ministerios importantes en quienes pueden fracasar o crear problemas en vez de resolverlos. Temen a la deslealtad y al delegar ministerios en quien no se puede confiar, prefieren hacer el trabajo ellos mismos. Temen que el buen éxito de otros los haga sentir inferior. Porque sienten que ya no pueden dar más, temen que el pujante ministerio de otros muestre que ya no hay más trabajo para ellos.

Muchos líderes de la iglesia *no saben entrenar.* No es culpa de ellos. Nunca nadie les enseñó a hacerlo. En vez de la preparación, tienden a invertir tiempo, esfuerzo, y energía en otras áreas de ministerio. Es más fácil realizar el trabajo uno mismo que preparar a alguien para que se responsabilice.

La falta de obreros preparados tiene resultados predecibles e inevitables. Debido a que la salud espiritual y el crecimiento requieren el ejercicio del ministerio, los creyentes que no han sido preparados nunca desarrollan plenamente su potencial espiritual o ministerial. Las iglesias se inmovilizan y nunca afectan el mundo de la manera que Dios quiere, porque hay un límite a lo que un pastor y unos pocos pueden hacer. Las iglesias desarrollan el síndrome de la puerta giratoria, porque cuando se teme dar participación a los creyentes en el ministerio, se les impide desarrollar amistades y el sentido de pertenencia y responsabilidad. El ministerio es un ancla en la vida de los creyentes.

La poca participación de los creyentes en el ministerio no es buena ni es el plan de Dios. Sin un efectivo reclutamiento y una estrategia de entrenamiento, las iglesias están sujetas a un ciclo de fracaso.

Prescripción

Si el mal es la falta de participación, ¿cuál es el antídoto?

Los dirigentes deben procurar que la preparación de líderes para obras de servicio sea la prioridad y la piedra angular de su ministerio. Deben desarrollar e implementar un efectivo reclutamiento y estrategias de entrenamiento.

Preparativos para el reclutamiento

Primero, la iglesia debe reconocer e implementar los prerrequisitos para el buen éxito.

1. Establezca límites a los contratos para el ministerio. El ministerio en una congregación local debe tener dos límites: duración y alcance. Cada persona debe comprometerse a un ministerio por lo menos durante un año. Al finalizar ese compromiso debe considerar tres posibilidades. Si ha tenido buen éxito, puede continuar con la labor de servicio que ha realizado. Segundo, transferirse a otro ministerio. Tercero, dejar su responsabilidad. Cuando con amabilidad se libera a la persona de su responsabilidad ministerial, se prepara el camino para que regrese, se evitan los problemas que ocasionan el desgaste y la frustración de los obreros, y se abre a otros la puerta al ministerio.

El alcance del ministerio también debe ser limitado. Los creyentes deben enfocar un ministerio en vez de tres o cuatro. Una manera de hacerlo es limitar la participación de ellos en un ministerio amplio y en otro más reducido. Si bien es cierto que no hay ministerio que sea más importante que otro, algunos demandan un mayor compromiso de tiempo. El ministerio mayor se identifica porque se debe dedicar tiempo adicional del formalmente asignado a sus actividades (por ejemplo, la escuela dominical), mientras que el ministerio menor requiere de participación sólo durante la actividad o el programa (por ejemplo, saludar a las visitas, o realizar la labor de ujier).

La participación limitada tiene muchos beneficios. Previene el agotamiento. Abre las puertas del ministerio a otros en la congregación. Mejora la buena calidad porque los creyentes se concentran en un ministerio en vez de realizar muchas labores. Y es más fácil reclutar.

2. Escriba claras descripciones del trabajo. El reclutamiento es más fácil cuando las personas saben lo que se espera de ellas. Hay menos frustraciones y es más probable que la permanencia de ellos se prolongue si se les ha explicado con claridad lo que deben hacer. No empequeñezca ni adule; desafíe a las personas con las grandes oportunidades de ministerio.

La descripción de trabajo debe definir claramente las responsabilidades, los requisitos, y las otras expectativas. También se debe incluir un acuerdo doctrinal y espiritual, se debe especificar claramente el estilo de vida que concuerde con los parámetros de santidad de la iglesia, y una detallada explicación de lo que se espera de los que sirven en el ministerio.

3. No reclute para ocupar cargos, sino para entrenar. Es un grave error reclutar para llenar un cargo ministerial sin primero determinar los dones de la persona, proveer entrenamiento, o considerar los talentos. Todo esto se puede realizar como parte de un eficaz proceso de entrenamiento. También es más probable que la gente se muestre más dispuesta a inscribirse para recibir entrenamiento que para asumir un ministerio específico. Una persona que es reclutada para un cierto ministerio puede tal vez no aceptar el cargo, pero es posible que si se la entrena y se le ofrece la oportunidad, sí esté dispuesta a hacerse responsable de otra labor.

4. Desarrolle un sistema de reclutamiento que abarque toda la iglesia. Un mal en la vida de la iglesia es la rivalidad entre ministerios. Se recluta personas que ya están ocupadas en otro ministerio. Algunos son mejores para captar nuevos miembros y se enriquecen de ayuda mientras los demás se empobrecen.

Todos los ministerios de la iglesia y sus líderes deben participar en el proceso de reclutamiento y entrenamiento. La participación debe ser parte de un esfuerzo unido de ayudar a todos los creyentes a descubrir, desarrollar, y aprovechar sus dones en maneras que beneficien la iglesia, ejercitan sus dones, y cumplen sus llamados.

5. *Adopte un enfoque del "gran círculo".* En un esfuerzo de proteger la iglesia, los líderes a veces obstaculizan el reclutamiento. Requieren que los nuevos sean parte de un cuerpo por un determinado tiempo, que completen un extenso programa de entrenamiento, o que se hagan miembros de la congregación. Si bien es cierto que éstas y otras medidas de protección son adecuadas para ubicar a alguien en el ministerio, no deben ser obstáculos para el entrenamiento. Todos los creyentes deben tener la posibilidad de participar en un programa de entrenamiento que tenga como meta el ministerio. Mientras participan en él, se los puede ayudar a cumplir con los requisitos que la iglesia demanda para el ministerio.

6. *Reclute y entrene con constancia.* Reclutar y entrenar para el ministerio debe ser una constante ocupación en la vida de la iglesia. El reclutamiento como respuesta a la crisis produce fracaso y desorganización en vez de buen éxito y efectividad en el ministerio. Se debe considerar el tamaño de la congregación para determinar la frecuencia del ciclo de reclutamiento y entrenamiento: trimestral, semestral, o anual.

7. *Establezca una meta para un ministerio en que participan todos los miembros.* La Biblia es clara: Todos los creyentes tienen dones y han sido llamados al ministerio, y tendrán que rendir cuenta de la manera en que han administrado sus dones para el ministerio. Los líderes de la iglesia son responsables de preparar a los creyentes para el ministerio. La meta no puede ni debe ser menos que reclutar, entrenar, y ubicar a todos los miembros cualificados en ministerios que armonizan con sus dones y llamado, y también con las necesidades de la iglesia.

Estrategia de reclutamiento

Los líderes de la iglesia deben crear e implementar una *efectiva estrategia de reclutamiento.* Los primeros cinco elementos de la estrategia que se presenta más abajo deben preceder la participación en jornadas de preparación para el ministerio. El segundo conjunto de cinco elementos puede incorporarse en el entrenamiento mismo.

1. *Ore.* Jesús nos lo enseñó. Porque "la mies es mucha, mas los obreros pocos", debemos "[rogar] al Señor de la mies, que envíe obreros a su mies" (Mateo 9:37,38). El ministerio es un cometido espiritual y el reclutamiento para el ministerio es una victoria que debemos obtener con oración.

2. *Promueva ministerio con constancia.* Los ministerios de la iglesia deben presentarse constantemente a la congregación. Deben celebrarse sus realizaciones y victorias y se debe establecer claramente su visión. Generalmente, la única oportunidad en que los miembros de la iglesia escuchan acerca de los ministerios es cuando hay una necesidad o un problema. Frecuentemente estas señales de vida vienen de frustrados líderes o pastores que se sienten abrumados con los problemas que resultan de la falta de ayuda.

3. *Escriba descripciones de trabajo.* Lea el comentario que aparece anteriormente en este mismo capítulo.

4. *Lleve a cabo una búsqueda de personas.* Los líderes deben identificar a quienes son buenos candidatos para el ministerio. Cualquier creyente que no esté envuelto en una ministerio, y que cumpla con los demás requisitos, es un buen candidato para el entrenamiento previo al ministerio.

5. *Apruebe a los aspirantes.* Antes de contactar cualquier potencial obrero, quien recluta debe pedir al pastor que examine y apruebe a los aspirantes. Esta medida resguarda de dar participación a quienes no estén cualificados para hacerlo y con ella se evita herir los sentimientos de quienes piensan que se ha abierto una puerta de ministerio para ellos, cuando en realidad no es así.

6. *Presente claramente el ministerio.* Los aspirantes necesitan una oportunidad de examinar los ministerios de la iglesia y de entender las responsabilidades, oportunidades, y propósitos de cada uno.

7. *Permita que los aspirantes examinen el ministerio.* Los aspi-

rantes deben tener una experiencia directa en el ministerio antes de que se les pida servir en él. Los líderes no deben suponer que los aspirantes conocen y entienden los ministerios de la iglesia. La oportunidad de conducir el autobús de la iglesia, sentarse en una clase, unirse al equipo de visitación, o ejercer cualquier otro tipo de ministerio, son todas importantes maneras de ayudar a los creyentes a encontrar un ministerio y a que se comprometan a largo plazo en uno de ellos.

8. Dedique tiempo a la oración y a la reflexión. Muchas veces se presiona a la personas para que participen en el ministerio. Por el bien de la iglesia y el de ellos mismos, anime a los aspirantes a orar y a considerar seriamente su compromiso. Los obreros que se unen a un ministerio después de haber orado y considerado seriamente una cierta área de ministerio y que ven su participación como una respuesta al llamado de Dios en su vida, con mayor probabilidad se comprometerán a servir indefinidamente en esa área y darán lo mejor de ellos mismos.

9. Pida una decisión. Los líderes necesitan pedir una decisión y un compromiso. Pida a los obreros que firmen un pacto ministerial con el fin de formalizar su compromiso, o celebre un servicio de iniciación en el ministerio.

10. Provea entrenamiento. El buen entrenamiento es parte importante del reclutamiento, porque ayuda a las personas a tener buen éxito en el ministerio. El entrenamiento efectivo es práctico e interactivo y desarrolla las habilidades de los futuros obreros. Hay una muy cercana relación entre buen éxito y satisfacción. Los obreros que estiman que su aporte es significativo para el ministerio, tendrán mayor probabilidad de servir bien y de manera consecuente; no así quienes se sienten frustrados y que han fracasado.

Entrenamiento previo al ministerio y estrategia de ubicación en él

El siguiente paso es un *efectivo entrenamiento previo al ministerio y estrategia de ubicación en él.* Esta estrategia debe incorporar lo siguiente.

A. Introducción al ministerio

Los aspirantes deben tener un claro panorama de los ministerios de la iglesia local. El estudio de ellos es el fundamento de la efectividad futura.

1. Ministerio que incluya a todo creyente
2. Dones espirituales
3. La iglesia y su ministerio
4. Alcance y evangelismo
5. Cualificaciones y responsabilidades
6. Organización y estructura del ministerio
7. Nuestra iglesia en el ministerio: Panorama
8. Nuestra iglesia en el ministerio: Observación
9. Compromiso con el ministerio

Estos nueve temas pueden ser parte de un entrenamiento de igual número de semanas previo al ministerio, o pueden ser también los contenidos para un seminario. Quienes cursen exitosamente esta porción del entrenamiento y estén cualificados para el ministerio, tendrán oportunidad de escoger un área de ministerio que armonice con sus dones y su llamado. El siguiente paso no es la ubicación en el ministerio, sino el entrenamiento adicional con el propósito de equipar a los futuros obreros para el servicio en un ministerio específico. Este entrenamiento tiene componentes en la clase y en el trabajo.

B. Preparación para el ministerio

Una vez que el aspirante, junto con los líderes de la iglesia, ha determinado un área de ministerio que él o ella podría desempeñar porque posee las características personales que se requiere, además de los talentos y el llamado, la iglesia debe dar entrenamiento práctico y específico. Este entrenamiento varía en contenido y formato, dependiente del ministerio, de las necesidades, y de sus requerimientos. Puede o no realizarse en una clase, puede o no preceder el componente en el trabajo.

Para quienes participarán en el ministerio de la enseñanza, el entrenamiento debe incluir lo que sigue:

1. Cómo aprenden las personas
2. Un análisis del alumno: las características
3. El plan de clases eficaz
4. Preparémonos para enseñar: dentro y fuera del salón de clase

C. Internado

Un aspecto esencial del entrenamiento y que generalmente se pasa por alto es el internado que provee entrenamiento en el trabajo. Algunos aspectos del ministerio solo se aprenden en la práctica.

Esta clase de entrenamiento debe proveer tres experiencias específicas.

1. Observación

Durante dos sesiones el discípulo debe simplemente observar el desempeño de su mentor. El mentor debe dejar suficiente tiempo para explicar los detalles del ministerio y para responder preguntas e inquietudes.

2. Participación parcial

Después de este período de observación, el discípulo debe tener oportunidad de participar en algunas tareas del ministerio mientras el mentor observa. Esta participación debe aumentar paulatinamente (cuatro sesiones) hasta que el discípulo asume la responsabilidad del trabajo. Cabe reiterar la importancia de que se dedique suficiente tiempo a la interacción con el mentor.

3. Participación total

El discípulo debe ocupar el lugar del mentor y realizar el ministerio mientras el mentor observa (dos sesiones). Estas experiencias siempre deben concluir con comentarios, críticas constructivas, y el estímulo del mentor.

El internado exitoso debe contar con dos componentes. El primero y tal vez más importante paso es la selección y preparación del mentor. Quienes sirven de mentor de los aspirantes a obreros deben sobresalir en su trabajo y ser capaz de instruir efectivamente a otros. Segundo, el entrenamiento en el trabajo demanda tiempo. Como mínimo se debe dedicar ocho semanas u ocho oportunidades. Vale repetir que es peligroso presionar al servicio a los futuros obreros antes de que estén debidamente preparados.

D. Ubicación

El paso final en el proceso de reclutamiento y entrenamiento es la efectiva ubicación. Esta es la etapa decisiva del proceso. Antes de que una persona sea ubicada en un ministerio, se debe cumplir con los siguientes criterios:

1. Los dones y el talento del aspirante deben concordar con las necesidades y las demandas del ministerio.
2. El aspirante ha cumplido con las demandas personales, espirituales, y ministeriales.
3. El aspirante ha completado el entrenamiento que se requiere.
4. El aspirante se ha comprometido con el ministerio y con el cumplimiento de sus obligaciones.
5. El aspirante ha mostrado lealtad, constancia, y espíritu de servicio.

A pesar de que todo lo que se puede hacer ya se ha hecho, a veces, después que se ha asignado a alguien a un cierto ministerio, éste descubre que no es la persona adecuada para realizarlo. Aunque su participación sea necesaria, no se le debe forzar a permanecer en el cargo. De hacerlo, el resultado puede ser frustración y finalmente fracaso. Lo que sí se debe hacer es dar a esa persona otra oportunidad en un ministerio más acorde con su don y llamado. Si esto tampoco da buen resultado, se debe continuar probando hasta encontrar el lugar de cada uno en el cuerpo. Es más importante que cada miembro encuentre un ministerio en el que sirva con satisfacción y alegría que llenar los espacios vacantes en un organigrama.

La sabiduría proverbial nos recuerda que "todo es cuestión de tiempo". ¿Cuánto tiempo un aspirante debe estar envuelto en entrenamiento previo al ministerio? Si el entrenamiento se extiende por mucho tiempo, muchos posibles obreros se desanimarán. Si el entrenamiento es muy breve, no estarán adecuadamente preparados para el servicio y correrán peligro de fracasar. El equilibrio es esencial para el buen éxito. Como se describe, esta estrategia previa al ministerio abarca unos seis meses, del reclutamiento a la ubicación. Este es un período suficientemente amplio para entrenar en forma adecuada y verificar la lealtad, los requisitos, y las habilidades de los aspirantes a obreros, y para que estos consideren la dirección de Dios en su vida. Pero tampoco es tan prolongado que desanime a los aspirantes.

¿Pueden los nuevos obreros aprender todo en solo seis meses? Obviamente no. La clave está en proveer entrenamiento de buena calidad para que tengan un buen comienzo, y después continuar entrenando para ayudarlos a perfeccionar sus habilidades.

E. Entrenamiento en el servicio

No hay estrategia de entrenamiento previo al ministerio que dé a los obreros de la iglesia todo lo que necesitan para tener buen éxito. Si los líderes de la iglesia consideran con seriedad la preparación de los creyentes para el ministerio, deben proveer entrenamiento continuo. Este entrenamiento debe fomentar unas cuantas cosas en la vida de los creyentes y en el ministerio de ellos.

1. Desarrollo de habilidades

Siempre hay necesidad de mejorar las habilidades que se requieren para el ministerio efectivo. Sin oportunidades continuas de entrenamiento, los obreros no tienen manera de crecer.

2. Desarrollo espiritual

El ministerio es, siempre ha sido, y siempre debe ser una labor espiritual. Generalmente quienes sirven en el ministerio se ocupan a tal punto en invertir en otros que descuidan su propio crecimiento espiritual.

3. Solución de problemas/resolución de conflictos

Quienes trabajan juntos inevitablemente enfrentarán problemas y desacuerdos. El entrenamiento en el servicio da a los obreros la oportunidad de expresar sus preocupaciones, y al líder la de solucionarlas. Los problemas que no se han resuelto y los desacuerdos exasperan y son un continuo impedimento para el ministerio.

4. Comunicación, realimentación, y afirmación

El entrenamiento en el servicio provee un medio efectivo de mantener informados a los obreros, de escuchar sus preocupaciones y sugerencias, y de expresar aprecio y reconocer las importantes realizaciones.

5. Planificación

Gran parte de los fracasos en el ministerio se debe a la falta de habilidad, dedicación, o diligencia; es el resultado de la deficiente planificación y comunicación. El entrenamiento en el servicio, regular y constante, puede ayudar a superar este obstáculo para el ministerio efectivo.

6. Responsabilidad

El entrenamiento da oportunidad a los líderes de reforzar las expectativas del ministerio, motivar a los obreros, proveer recursos, y hacer responsable a los obreros de su desempeño.

El buen entrenamiento en el servicio tiene otras importantes características. Se debe requerir de todos los obreros como parte de su compromiso con el ministerio. Debe enfocarse en el ministerio y en la edad para que sea lo más práctico posible. Debe ser parte periódica (mensual o trimestral) y constante de la vida y ministerio de la iglesia. Finalmente, se debe planificar en una horario que no coincida con otras actividades de los que asistirán. Estas actividades de entrenamiento se pueden enriquecer con recursos visuales o de audio, o con la participación en jornadas de entrenamiento del distrito u organizadas por otra entidad, pero no deben sustituirla.

La escuela dominical: El vehículo ideal para reclutar y entrenar

Por varias razones, la escuela dominical es el vehículo ideal para coordinar y proveer un reclutamiento efectivo y una estrategia de entrenamiento para la iglesia. Primero, la escuela dominical ofrece a la iglesia *un lugar y un tiempo* para el entrenamiento previo al ministerio. Como ya se mencionó, es un momento que la mayoría de las personas tiene disponible, por lo tanto se pueden evitar los conflictos de horario. Si se considera que la sala cuna de la iglesia está abierta y hay clases de niños que funcionan de manera paralela, mientras estén en la escuela dominical los padres no tendrán necesidad de servicio de cuidado de niños. Además, no ocupa otro día de la semana que se podría dedicar a la familia o a otra responsabilidad.

La escuela dominical ofrece una *rica reserva para el reclutamiento.* Los adultos y los adolescentes mayores que regularmente participan en la escuela dominical son buenos candidatos para otro ministerio. Han mostrado la fidelidad y el espíritu dócil que es esencial para el ministerio exitoso.

Ya la escuela dominical cuenta con el ministerio de maestros muy diestros, un equipo de trabajo, y administradores que pueden servir como *mentores.* El talento y el conocimiento de ellos puede aprovecharse para equipar a quienes enseñarán y dirigirán la escuela dominical y otros ministerios. Debido a que muchas de las habilidades que poseen se pueden aplicar en otros ministerios, es sensato entrenar obreros en la escuela dominical.

La escuela dominical también tiene gran *capacidad* para el entrenamiento. En efecto, la enseñanza y el entrenamiento son el centro del ministerio de la escuela dominical. Así también, como la escuela dominical es la agencia de la iglesia que *abarca todas las edades,* puede respaldar los ministerios que tienen como fin servir los grupos de diversas edades.

La estrategia de reclutamiento a nivel de toda la iglesia requiere *coordinación y cooperación.* La escuela dominical y sus líderes se encuentran en una posición ideal de servicio a la iglesia y a sus ministerios. Mantiene los registros más completos y mantiene comunicación con muchas que puede ser entrenadas.

Finalmente, la escuela dominical es la respuesta porque el entrenamiento para el ministerio es el corazón de su *propósito y de su visión.* La escuela dominical puede asímismo respaldar el entrenamiento en el servicio.

Cómo crear a través de la escuela dominical una estrategia coordinada de reclutamiento y entrenamiento

La iglesia y sus ministerios deben *adoptar y respaldar una estrategia de reclutamiento y entrenamiento para toda la iglesia.* Sin compromiso no hay progreso.

Para asegurar la cooperación y la coordinación, *cree una fuerza de operación* compuesta de líderes que representen los diversos ministerios de la iglesia. Es importante que todos los que tienen parte en el buen éxito de una estrategia tengan un lugar en la mesa y una voz en el momento de decidir.

Establezca liderazgo. Por todas las razones que se establecen anteriormente, es sensato que el superintendente de la escuela dominical, el director de educación cristiana, o la persona designada, sea quien dirija la estrategia de reclutamiento y entrenamiento. Aunque en algunas situaciones este tal vez no sea el mejor acercamiento, la identificación de líderes y de responsabilidades es el único acercamiento que se aplica a toda situación.

En seguida, planee el trabajo y procure que el plan sea efectivo. Ore, planee, promueva, produzca. Estas son las claves del buen éxito de cualquier empresa.

Administre la estrategia de manera que *beneficie a todos.* Si un ministerio parece beneficiarse más que otro, la gente perderá confianza en la estrategia. El criterio de reclutamiento y de ubicación no puede ser lo que convenga más a un solo ministerio. Siempre debe reflejar los dones y llamados de la persona y las necesidades de la iglesia.

Sin *el respaldo y la participación* pastoral, la estrategia no puede prosperar. Es esencial que el pastor participe en cada paso de la estrategia.

Dios ha bendecido a la iglesia con gente que tiene talentos y llamado. Ya ha dotado a la iglesia con todo lo que necesita para edificar el cuerpo de Cristo y alcanzar al mundo. Pero sin un método efectivo y deliberado de ayudar a la gente a descubrir, desarrollar, y usar sus dones, nunca podrán cumplir la voluntad de Dios para su vida o el propósito para la iglesia. Con el entrenamiento y la experiencia, estos mismos creyentes pueden desarrollar ministerios poderosos y una rica vida espiritual.

Lamentablemente, muchas iglesias nunca descubren o desarrollan su más grande tesoro. La misma trágica realidad se repite en la vida de algunos creyentes. No han alcanzado la medida de desarrollo que Dios ha establecido para ellos. Como consecuencia, nunca se desempeñarán en el ministerio ni encontrarán realización en el devoto servicio. Hay una necesidad. Hay personas y talentos. Sin embargo los líderes han fracasado en su tarea de desafiar, motivar, y equipar a los creyentes para el servicio.

Puede suceder en la escuela dominical.

Epílogo

Todos decían que era un traje vacío, que le faltaba personalidad, y que no era la persona indicada para el trabajo. Para muchos él era un hombre de mediana edad que pasaba inadvertido, que no tenía el encanto ni la presencia de su antecesor, ni tampoco tenía la inteligencia y la seriedad de su oponente. A menudo vacilaba con sus palabras y parecía incómodo cuando estaba con otras personas. Perdió el voto popular y fue elegido presidente con el margen más estrecho en el colegio electoral. Se requirió una decisión de la Corte Suprema de los Estados Unidos para dar fin a la controversia y ponerlo en la Casa Blanca.

Pero días después del 11 de septiembre de 2001, cuando los terroristas destruyeron el World Trade Center en la ciudad de New York, George W. Bush anduvo sobre los escombros, estrechando la mano de policías y bomberos para agradecerles el valeroso servicio. Subiendo sobre una pila de escombros, con un megáfono en una mano y la otra sobre los hombros de un exhausto bombero, se dirigió a la multitud.

Alguien, en las últimas filas de la multitud, gritó: "¡No te oímos, George!"

Su respuesta inmediata fue: "Yo sí te oigo, y pronto los que derribaron estas torres también nos oirán. Habló de su resolución y determinación y el gentío prorrumpió en aplausos.

Repentinamente a los ojos de muchos, George W. Bush se convirtió en su presidente. Dejó de ser el traje lleno de aire, se convirtió en un respetable líder mundial, allí, parado sobre los escombros del World Trade Center.

En las siguientes semanas y meses, la pregunta se repitió una y otra vez: ¿Fue la tragedia del 11 de septiembre la que repentinamente convirtió a George W. Bush en un efectivo y verdadero presidente? Algunos piensan de esta manera. Otros opinan que estos sucesos dieron a la nación la oportunidad de ver al verdadero hombre.

Ambos estaban equivocados; ambos tenían razón.

Notas

[1] *World Book Encyclopedia,* 1957 ed., s.v. "Einsenhower, Dwight David."

159

Conclusión

El gran emancipador Abraham Lincoln fue un hombre muy familiarizado con el fracaso personal y profesional.

En 1832 Lincoln perdió su trabajo.

Ese mismo año, en una derrota humillante, perdió su propuesta a un asiento en la legislatura de Illinois.

Después de perder esa propuesta a un cargo público, se dedicó a los negocios. Esos negocios quebraron en 1833. Los siguientes diecisiete años los dedicó a pagar las deudas de su inescrupuloso socio.

En 1834 obtuvo un asiento en la legislatura de Illinois.

Conoció a una hermosa joven, se enamoró de ella, y la pidió en matrimonio. La joven murió en 1835, antes de la boda.

En 1836, sufrió una crisis nerviosa.

En 1838 fue derrotado en su propuesta como presidente de la cámara de representantes de Illinois.

En 1842, contrajo matrimonio con Mary Todd. En todo sentido, fue un matrimonio difícil y con muchos problemas.

En 1843 perdió la nominación del Partido Republicano al Congreso de los Estados Unidos.

Aunque fue elegido para el Congreso en 1846, perdió su propuesta para reelección en 1848.

En 1849 procuró sin buen éxito que se lo asignara a la Oficina de Catastro de los Estados Unidos.

En 1854 se presentó como candidato al Senado de los Estados Unidos pero fue de nuevo derrotado.

Los debates con Douglas fueron característicos de la carrera al Senado en el año 1858. Douglas se convirtió en el senador por el estado de Illinois.

Lincoln fue elegido presidente en 1860.

Reelecto en 1864, Lincoln fue asesinado el 14 de abril de 1865, en el Ford's Theater en Washington, D.C., por John Wilkies Booth, un actor mediocre y simpatizante de las fuerzas confederadas.

A pesar de sus derrotas y fracasos, Abraham Lincoln se convirtió en uno de los más grandes héroes de la nación. Él guió una nación dividida a través de los oscuros y terribles días de la Guerra Civil y presidió durante la peor masacre militar de la historia norteamericana. Su experiencia, derrotas personales, y fracasos profesionales fueron provechosos cuando Stonewall Jackson y Robert E. Lee, los genios militares confederados, confundieron, combatieron, y expulsaron uno a uno los generales de la unión.

En medio de la masacre, Lincoln sabía que las medidas ordinarias no eran suficientes. Los antiguos métodos ya no eran efectivos. En el peor de esos días, Lincoln escribió: "Los dogmas del tranquilo pasado son inadecuados para el tempestuoso presente. La ocasión se levanta con dificultad, y nosotros nos levantamos con la ocasión ... así que debemos pensar de manera renovada y debemos proceder de manera renovada."[2] Y eso fue precisamente lo que hizo Lincoln. Sus ejércitos ganaron la guerra y su sabiduría conquistó la paz. Él no vivió para verlo, pero la nación que había sido dividida por una sangrienta guerra civil, se volvió a unificar, se sobrepuso al odio del pasado, y edificó un brillante futuro.

"Debemos pensar de manera renovada y debemos proceder de manera renovada."

A través de su larga historia, la escuela dominical ha disfrutado períodos de gran triunfo y prominencia en la vida de la iglesia. Más recientemente, la escuela dominical ha perdido credibilidad a los ojos de muchos. Algunos ya han escrito un epitafio y la han declarado poco pertinente en una sociedad moderna. Muchos han abandonado la escuela dominical como institución pero han querido incrementarla con otros ministerios. Muchos han conservado la escuela dominical más bien por un sentimiento de lealtad o de tradición, o porque simplemente no saben que más hacer, pero la han relegado a segundo plano y han dado prioridad a ministerios más glamorosos.

Carente de visión, liderazgo, reclutamiento, entrenamiento, y los recursos que necesita para alcanzar el buen éxito, la escuela dominical ha declinado en su influencia y efectividad. En su declinación, algunos han apuntado y han dicho con presunción: "No ven, ¡yo les decía!" Es el cumplimiento del epítome de un profecía.

Debemos pensar de manera renovada.

Según la percepción y la experiencia de muchos, la escuela dominical ha fallado. En demasiados lugares no es viable y no sirve bien a la iglesia. Ésta debe realizar un trabajo de trascendencia eterna, hacer discípulos, y debe encontrar maneras efectivas de realizarlo. No obstante, antes de que releguemos la escuela dominical a las polvorientas estanterías del museo de la historia de la iglesia, debemos pensar de manera renovada. Este libro ha sido un intento de proyectar una visión diferente (que no pretende ser única o nueva) acerca de la escuela dominical, con el fin de desafiar a los líderes de la iglesia, y con ellos a los laicos, a que piensen de manera renovada acerca de la escuela dominical. Todos los fundamentos para el evangelismo efectivo, la asimilación, la instrucción, el compañerismo, y el ministerio en la escuela dominical ya existen en ella. Muchos no han considerado el potencial que esa escuela tiene. Debemos pensar de manera renovada y proceder de manera también renovada.

La falta de cordura a veces se define como pensar que podemos hacer las mismas cosas de la misma manera y obtener diferente resultado. No es cuerdo pensar que podemos hacer la escuela dominical de la misma antigua manera y obtener resultados diferentes. La escuela dominical no es una mala idea. Es una muy buena idea que se ha realizado mal. Y la escuela dominical continuará decayendo si los líderes no hacen algo diferente y aprovechan el potencial que hay en ella. Muchos líderes, ineptos para reemplazar las importantes funciones de una escuela dominical bien implementada, continuarán en una constante espiral descendente.

Algunas congregaciones no tienen más opción que "despertar a este gigante que duerme"; es un asunto de supervivencia. Si quieren sobrevivir, tienen que implementar los ladrillos de una iglesia saludable. La escuela dominical ofrece una estructura cohesiva que permite el cumplimiento de este objetivo. Ofrece currículo, entrenamiento, y todos los componentes de la estructura que se necesita para el buen éxito. Cualquier congregación, sea cual fuere su tamaño, puede tener una escuela dominical exitosa. La que se necesita es visión, liderazgo, y trabajo.

No hay otra estrategia que ofrezca lo que puede ofrecer una escuela dominical cuidadosamente estructurada y hábilmente implementada. Aunque muchos han experimentado diversas maneras de llevar a cabo la misión de la Iglesia en el mundo, la mayoría no ha alcanzado las metas. Otros continuarán experimentando, con la esperanza de encontrar una manera más eficaz de ganar el mundo y de edificar la Iglesia. Es posible que un día emerja una estrategia mejor y más completa. Mientras no suceda, las iglesias y sus líderes encontrarán que una antigua idea, que se ha considerado inferior y no muy a tono con nuestro mundo, puede ser una poderosa herramienta. Pero debemos pensar de manera renovada y debemos proceder también de manera renovada.

La historia de dos iglesias

(La historia de estas dos iglesias es verdadera. Se ha cambiado nombres y algunos detalles.)

En 1976 los Estados Unidos se estaba recuperando de la humillación de Vietnam, de Watergate, y de la renuncia del presidente Richard Nixon. Gerald Ford, el único primer ejecutivo norteamericano que nunca fue elegido presidente o vicepresidente, de súbito se vio atrapado en una encarnizada campaña electoral.

Finalmente, ganó la elección Jimmy Carter, agricultor de cacahuates y quien anteriormente había sido gobernador de Georgia. Ese año se caracterizó por grandes acontecimientos. Las naves espaciales *Vikingo 1* y *Vikingo 2* descendieron sin problema en Marte. Después de veintidós años de amarga separación y más de treinta y cinco años de guerra, Vietnam del Norte y Vietnam del Sur se unieron para formar la República Socialista de Vietnam. Se fundó la compañía de computadoras Apple y se oyeron las primeras detonaciones de la revolución del computador personal. Murieron los líderes chinos Chou En-lai y Mao Tse-tung. Los Rojos de Cincinnati, un equipo de béisbol americano, derrotaron en cuatro juegos a los Yankees de New York y conquistaron la Serie Mundial. Los comandos militares de Israel llevaron a cabo una extraordinaria entrada forzada al aeropuerto de Entebbe, Uganda, y rescataron cien rehenes de manos de terroristas aéreos. El escritor afroamericano Alex Haley recibió el premio Pulitzer de literatura por su libro *Raíces: La Historia de Una Familia Americana,* una mezcla de hechos reales y ficción acerca de los antepasados de su familia.

Ese verano, miembros el mundo celebraba el espíritu olímpico en los juegos de verano de Montreal, y los Estados Unidos de América celebraba el bicentenario de la Declaración de Independencia y de la Revolución Americana. En todo el país, las comunidades celebraron en toda forma concebible. En el puerto de Boston, lugar de la socorrida fiesta del té, hubo desfiles de grandes barcos. En los jardines los ciudadanos plantaron flores rojas, blancas, y azules; confeccionaron cobertores; prepararon representaciones teatrales y conciertos; enterraron cápsulas de tiempo; y crearon poemas, canciones, esculturas, y pinturas. En las calles había gente que hacía flamear banderas mientras miraban los desfiles de gente disfrazada y carros alegóricos. Casi en todo parque había una representación dramática de la Guerra Revolucionaria. Se efectuaron competencias de comedores de pastel y carreras de carretillas, también hubo días de campo a la antigua, y casi cada espacio, los trenes inclusive, estaba adornado con guirnaldas rojas, blancas, y azules. El cuatro de julio, el cielo nocturno se iluminó con los extraordinarios fuegos pirotécnicos, y cada ciudadano del país hizo una pausa para reflexionar y gozarse en su legado.

Era tiempo de que los ciudadanos concentraran su atención en la gloria del comienzo y en las realizaciones del pasado; era tiempo también de poner a un lado las tragedias de Vietnam y de Watergate, y de contemplar con esperanza un futuro nuevo y resplandeciente. Era una fiesta de cumpleaños como ninguna otra. En muchas maneras, 1976 fue el eco de las primeras palabras de *La Historia de Dos Ciudades:* "Fue el mejor tiempo, y también el peor".

Ese año dos congregaciones en la misma área metropolitana miraron con esperanza hacia el futuro. Ambas, con gran entusiasmo y altas expectativas, dieron la bienvenida a un nuevo pastor. Estos hombres asumieron su responsabilidad con un mes de diferencia. Y, como extraña coincidencia, trece años más tarde ambos dejaron la iglesia con unos pocos meses de diferencia.

En cierto modo, había mucha semejanza entre estos hombres y estas iglesias. Ambas congregaciones eran de la misma denominación. Ambas congregaciones experimentaron gran crecimiento durante la permanencia de esos pastores. Ambas iniciaron escuelas cristianas. Ambas se trasladaron a un nuevo edificio. Ambas organizaron un extraordinario equipo de pastores y líderes laicos. En ambas iglesias tanto los líderes como la congregación se sentían comprometidos con la obra misionera nacional y en el mudo. Ambos dejaron un valioso legado a su sucesor.

En otros aspectos los hombres y la iglesias eran muy diferentes. Ambos eran grandes líderes, pero con un estilo personal y de liderazgo muy diferente. Ambas eran muy buenas iglesias, pero con historias muy diferentes. La congregación A era una de las iglesias históricas de la fraternidad con una honrosa y extensa trayectoria. Aunque era dos veces más grande que su congregación hermana más joven, A declinaba de manera lenta y continua. La congregación B no tenía historia ni legado, pero sí era una iglesia emergente. Las iglesias servían diferentes tipos de personas. La congregación de una iglesia constituida por profesionales era muy diferente de la clase obrera que formaba la congregación de la otra.

Ambas iglesias crecieron significativamente durante el desempeño como pastor de ambos hombres. Pero el crecimiento fue diferente. Al cabo de cinco años, la concurrencia al servicio matutino de adoración del domingo se duplicó de 440 en 1976 a 950 en 1980. El crecimiento de la congregación A durante el mismo período no fue tan dramático (1.100 en 1976 a 1.300 en 1980). Cuando en 1989 el período de ministerio de ambos pastores en esas iglesias llegó a su fin, la concurrencia al servicio de adoración en la congregación B había crecido asombrosamente a un promedio de 2.660, mientras que el de la congregación A había gradualmente aumentado a 1.802.

En 1989, durante el período de transición al nuevo liderazgo, ambas congregaciones enfrentaron grandes luchas. Cuando llegó el momento, las dos congregaciones recibieron con entusiasmo a su nuevo pastor. Sin embargo, en menos de dos años, ambos pastores se vieron en la obligación de dejar su posición en medio de gran controversia. Nuevamente cada iglesia inició la tarea de buscar otro pastor. También estos abandonaron la congregación en menos de quince meses. En ambas iglesias hubo prolongados período sin liderazgo pastoral. Valiosos y experimentados miembros del equipo pastoral, líderes laicos claves y familias influyentes abandonaron ambas congregaciones. Finalmente las dos iglesias se vieron en la necesidad de buscar y de aceptar ayuda de la oficina local de la fraternidad.

En ambas congregaciones hubo una erupción a causa de los conflictos, las disputas, y las luchas acerca del estilo y la sustancia del ministerio del nuevo pastor. La visión y el liderazgo de cada nuevo pastor parecía antagonizar con el pasado de la iglesia y los sueños y la visión de sus líderes laicos. Ambas congregaciones sufrieron bajo la presión de la lucha por el control de la iglesia y de su futuro. Centenares se convirtieron en refugiados religiosos, que fueron a otras congregaciones en busca de asilo.

Finalmente, ambas congregaciones encontraron líderes permanentes. Creyeron que estos hombres podrían ayudarlas a superar sus luchas, recuperar la celebridad del pasado, y conducirlas a un futuro esplendoroso.

Cómo enfrentar la tormenta

Las iglesias hicieron frente a sus tormentas de manera muy diferente. Entre 1989 y 1991, la concurrencia al servicio matutino de adoración en la congregación B decayó más de 50 por ciento, y en cinco años bajó de 2.660 a 760. El colapso de la escuela dominical fue aun más dramático. La congregación había informado una asistencia máxima de 2.570 personas en la escuela dominical. En cuatro años el promedio de asistencia descendió a sólo 53. En 1993, la escuela experimentó un leve repunte, pero el servicio de adoración continuó decayendo.

La congregación A también sufrió pérdidas. Pero el promedio de estas pérdidas, tanto en la escuela dominical como en el servicio matutino, llegó a las centenas, no a los miles. De un promedio máximo de 1.800 personas que concurrían al servicio matutino en 1989, tres años más tarde la congregación descendió a 1.410. En ese mismo período el promedio de asistencia a la escuela dominical descendió de 1.450 a 1.280.

La escuela dominical en el ojo de la tormenta

Las circunstancias que condujeron al surgimiento y la caída de ambas iglesias es una compleja maraña de diversos factores. No es solo un factor lo que originó todo lo sucedido, pero no se puede pasar por alto el importante lugar de la escuela dominical en esta historia.

La congregación A contaba con una larga tradición de pequeñas escuelas dominicales con orientación a los pequeños grupos bien organizados y graduados, que se complementaba con una efectiva estrategia de reclutamiento y entrenamiento. La congregación B no contaba con tal característica. En medio de la transición, la asistencia a la escuela dominical en la congregación A experimentó un leve aumento (de 1.230 en 1990 a 1.280 en 1991). Cuando vinieron las tormentas, con su red de relaciones, líderes maduros, y un fuerte sentido de comunidad y de misión, la escuela dominical permaneció firme.

La congregación B, en su tiempo de crecimiento, informó un aumento mayor en la escuela dominical pero también una caída mucho más rápida y mayor. Un análisis de las cantidades revela que la congregación B nunca desarrolló la misma sólida disciplina en el ministerio que caracterizó a la escuela dominical de la congregación A. El crecimiento explosivo, los múltiples servicios y la facilidades poco adecuadas la hizo imposible. Se probó diversas estrategias que arrojaron diferentes grados de resultado, pero la congregación B estaba edificada sobre las habilidades del pastor en el púlpito y una extraordinaria experiencia de adoración en el servicio matutino del domingo. No tenía la fuerza interna que se necesita para hacer frente a las tormentas y para evitar el colapso.

El resto de la historia

En 1993, desde la llegada del cuarto pastor en cinco años, la congregación B ha vivido altibajos. La característica de los primeros cinco años de vida fue el explosivo crecimiento que tuvo como base las habilidades del pastor en el púlpito y el dinámico servicio de adoración del domingo en la mañana. A continuación de este período de crecimiento vino uno de dolorosa contracción. En ese momento los líderes determinaron que necesitaban atender la inestabilidad e inmadurez de la congregación.

¿Cuál fue la estrategia? Edificar la escuela dominical.

En 1992, la congregación A recibió su cuarto pastor en un período de tres años. Éste llegó con la convicción de que la escuela dominical y otros ministerios eran anticuados y se propuso introducir un nuevo paradigma de ministerio. Desvalorizada y descuidada, de inmediato la escuela dominical comenzó a declinar. Durante los primeros cinco años del pastor, la escuela dominical declinó 50 por ciento, y también declinó la asistencia a los servicios de adoración. Después de nueve años, la asistencia a la escuela dominical bajó a 300 y después quebró. La asistencia al servicio de adoración también declinó de manera continua, decayó 50 por ciento en relación con la asistencia máxima y 33 por ciento más con la llegada del nuevo pastor.

Ambas iglesias dejaron de informar acerca de la asistencia a la escuela dominical y al servicio de adoración.

La moraleja

Estas dos iglesias nos enseñan unas cuantas lecciones.

1. Las congregaciones que se edifican sin las estructuras internas y la solidez que crea una escuela dominical efectiva son más vulnerables y tienen menos posibilidad de resistir las tormentas de la vida congregacional. *Grande* no es lo mismo que *sólido*.

2. No toda escuela dominical fue creada de la misma manera. Decir que una iglesia tiene escuela dominical no es lo mismo que decir que una iglesia se levanta sobre un realmente efectivo ministerio de escuela dominical.

3. El desarrollo y el mantenimiento de una escuela dominical efectiva requiere una constante inversión de tiempo, esfuerzo, recursos, y liderazgo.

4. La buena escuela dominical ayuda a la iglesia a alcanzar y retener a los nuevos. La escuela dominical es una manera efectiva de asimilar a los nuevos y mantener el crecimiento.

5. La escuela dominical es frágil. Lo que se edifica en décadas puede destruirse rápidamente por la falta de visión y por descuido.

6. Es peligroso confiar únicamente en las habilidades del pastor. Las iglesias fuertes son las que desarrollan una red de líderes laicos maduros a través de la escuela dominical.

7. A través de la constante disciplina la escuela dominical ayuda a los creyentes a madurar en la fe. Si no hay madurez individual, tampoco habrá madurez congregacional.

8. La escuela dominical facilita las relaciones y fomenta el amor, la lealtad, y la unidad, como es difícil experimentar en el servicio de adoración.

9. Una escuela dominical realmente efectiva no puede existir sin la visión, el liderazgo, y el respaldo del pastor.

El potencial y la promesa de la escuela dominical

Las congregaciones A y B ilustran los patrones que se ven en las iglesias de nuestros días. Muchas iglesias, como la congregación A, han abandonado la escuela dominical. Creen que ésta ha perdido su efectividad y que pertenece al pasado, que la nueva era requiere nuevos paradigmas de ministerio. En muchos casos el diagnóstico es correcto. Pero el remedio es peor que la enfermedad. El abandono de la escuela dominical a menudo sacrifica la infraestructura del ministerio que es esencial para una iglesia saludable y creciente. En la búsqueda de algo nuevo, reemplazan el ministerio completo y amplio de la escuela dominical con ministerios especializados que cumplen una función de "parche". Generalmente, en vez de fortalecerse, la iglesia se debilita.

Muchas otras iglesias, como la congregación B, crecen rápidamente pero no de buena manera. Las iglesias que no edifican una infraestructura de ministerio que respalde el servicio de adoración corren el serio riesgo de caer. El otro peligro es que vivan en constantes altibajos. Nunca desarrollan la estabilidad y la madurez que necesitan para consolidar sus ganancias y desarrollar un patrón de crecimiento saludable y constante.

Las trayectorias de ministerios de ambos patrones finalmente se intersectan. Ambas terminan con un sistema de ministerio cohesivo. La adoración matutina en vez de ser una reunión de hermanos y hermanas, se convierte en una reunión de extraños. La iglesia ya no está preparada para atender a los nuevos y asimilarlos, ya no tiene la capacidad de causar un impacto en la comunidad, y tampoco desarrolla líderes.

Las últimas palabras

En conclusión, para cumplir el propósito de Dios en el mundo, la iglesia debe alcanzar al perdido y debe ayudarlo a convertirse en un devoto discípulo. Debe ayudar a los creyentes a crecer y alcanzar la madurez espiritual, y a expresar su amor a Dios a través de la adoración y la vida diaria. Debe ayudar a crear los lazos de amor y de lealtad entre sus miembros y debe con las palabras y los hechos dar al mundo testimonio de la verdad de Dios. Lamentablemente, muchas iglesias han fracasado.

De los ministerios a disposición de la iglesia, la escuela dominical es el que tiene el mayor potencial de alcanzar estas metas. Ella es la herramienta ideal. Ya hay a disposición de la iglesia una extraordinaria infraestructura de currículo y entrenamiento. Con una buena escuela, la iglesia estará notablemente mejor preparada para cumplir los propósitos de Dios. Por último, hoy más que nunca, la iglesia necesita una escuela dominical de buena calidad. Hay muchas congregaciones que van a la deriva, sin visión ni estrategia. Pero hay una respuesta. Debemos confiar en que Dios nos dará la visión y debemos usar la escuela dominical como nuestra estrategia.

Hoy es tiempo de despertar al gigante dormido.

Notas

[1] *World Book Encyclopedia*, 1957 ed., s.v. "Lincoln, Abraham".

[2] William J. Bennett, *The Book of Virtues* [El libro de virtudes] (New York: Simon and Schuster Publishing Company, 1993), 258.